KUROGANE

Namenlose Rechtschaffenheit

Sachbuch

Mauer Verlag
Wilfried Kriese
72108 Rottenburg a/N
Buchgestaltung: Wilfried Kriese
Titelbild: Yoshitoshi Tsukioka
2010
ISBN 978-3-86812-210-7

www.mauerverlag.de

Inhalt

Vorwort
Der Weg des Kriegers

Nirgendwo sonst, entwickelte sich eine derartiger Krieger- und Waffenkult, wie im mittelalterlichen Japan. Das ist um so bemerkenswerter, wenn man bedenkt, dass es sich bei den Kriegen der Samurai, zu 95 Prozent um inländische Konflikte handelte. Die Männer die diese Kriege auf dem Schlachtfeld austrugen, waren ihren Anführern treu ergeben und kämpften mit äußerster Härte und Zähigkeit, bis ihre Feinde oder sie selbst vernichtet wurden.

Die Samurai-Ideologie entwickelte sich etwa seit dem 9. Jahrhundert und beinhaltet wesentliche Züge des Zen-Buddhismus.
Bushido, der ritterliche Ehrenkodex und die Ethik des Samurai-Standes, forderte Selbstaufopferung, absolute Loyalität, Tapferkeit, höchste Waffenbeherrschung und ständige Kampfbereitschaft aber auch Gerechtigkeit und den Schutz der Schwachen und Wehrlosen. Der Begriff Bushido, setzt sich zusammen aus Bushi (Krieger) und do (Weg), also „Weg des Kriegers“.

Mondgesang

Der Glanz des Schnees im Vollmondschein,
ein heulen dringt in die erhellte Nacht hinein.
Eiskristalle tänzeln in stürmischem Wind,
unter seinem getöße die weiße Seele erklingt.

Der Pfad im Schnee führt den Berghang empor,
vergehen im wehen, schwindet die Fährte,
aus dem Schatten der Nacht, tritt der Wolf hervor.
In der Klarheit glühender Juwelen,
erblicke ich, mein Spiegelbild im Wolfsauge.

Der Traum aus Täuschung gedungen,
dem Geiste entsprungen,
im Kraftlied besungen, gerind wie Eis zu Wasser.
Zwischen immergrünen Kiefern,
verblichen im Mondlicht,
ist die Verschiedenheit verschwunden.
Illusionen von Gestalt sind überwunden,
der Glaube nicht gebunden.

Just in diesem Augenblick,
schauend,
erkenne die ursprüngliche Wesens-Natur.

Kurogane

Kapitel 1

Namenlose Rechtschaffenheit

Wer sein Erden-Dasein, nur dem Erden-Leben hingibt, verliert sein göttliches Wesen, und seine Bestimmung, aus den Augen. Dem Tode zu gewannt, erlangen wir unserem Schicksal zu Folgen, und somit, ein Buddha auf Erden, sowie danach zu sein. Das Form gebundene, Körperliche Leben, stellt den Prüfungsweg dar, als Solches die Buddhaschaft (Erleuchtung) das Ziel des Erden-Daseins.

Verachte berechnende Feiglinge

Diejenigen, die für eigennützigen Gewinn arbeiten, sind Feiglinge. Der Grund liegt darin, daß ein berechnender Mensch, der ständig Gewinn und Verlust gegeneinander aufrechnet, sich von diesem Gedankenmuster nicht trennen kann, weshalb er den Tod als Verlust und das Leben als Gewinn betrachtet – und ersteren haßt, was ihn als Feigling enden läßt. Die Gebildeten verhüllen ihren innerster Charakter wie Feiglinge und Gier durch Schlauheit und Beredsamkeit, eine Tarnung, die andere irreführt.

Sei Vorbereitet auf den Tod

Reiche und Arme, Junge und Alte, Erwachte und Verblendete – alle müssen sterben; der Tod kommt zu jedem von uns. Jeder macht sich glauben, auch wenn er diese Wahrheit kennt, er sei der Letzte, der sterben müßte, nachdem alle anderen diesem unausweichlichen Schicksal begegnet wären – ohne einen Gedanken an den nahenden Tod, der jeden Moment an seine Tür klopfen kann. Eine kurzlebige Aussicht!

Wenn es irgendeine geheime Formel im Umgang mit dem sicheren Tod gibt, liegt sie in der Vorstellung, daß nichts, was man tut, den Tod vermeiden kann, daß das eigene Leben nichts als ein leerer Traum ist. Hast du das begriffen, sei niemals unaufmerksam gegenüber dem Schatten des Todes, der dicht um deine Füße herumschleicht. Erspare dir keine Mühe, früh darauf vorbereitet zu sein.

Stirb jeden Morgen

Stell dir jeden Morgen aufs neue vor, daß du bereits tot bist. Halte dich jeden Morgen, wenn dein Geist friedvoll ist, ohne Unterlaß für tot, denke über verschiedene Arten des Todes nach, stelle dir deine letzten Augenblicke vor, wie du von Pfeilen, Kugeln und Schwertern in Einzelteile zerfetzt wirst, von einer Woge weggespült wirst, in ein rasendes Feuer springst, von einem Blitz erschlagen wirst, in einem großen Erdbeben untergehst, von einer schwindelerregenden Klippe stürzst, an einer tödlichen Krankheit leidest oder plötzlich tot umfällst.

Ich hörte einen Älteren sagen: „Nur einen Sprung vom Dachgesims des eigenen Hauses entfernt, findet man sich von toten Körpern umgeben; einen Schritt von der Haustür entfernt, trifft man auf Feinde.“ Das wird nicht aus Vorsicht gesagt. Es drängt uns vielmehr, eine geistige Einstellung zu formen, mit der man fähig wird, sich selbst für bereits tot zu halten.

Hänge bei einem Kampf nicht an deinem Leben

In einem Schwertkampf vergiß dein Leben und kämpfe. Wenn das auch der Gegner tut, ist er gleichwertig. Darüber hinaus hängt der Sieg nur von deiner religiösen Frömmigkeit und deinem Schicksal ab. Weiterhin laß niemanden dein Schlafzimmer sehen. Der Augenblick, in dem du in Tiefschlaf fällst, und der Moment des benommenen Aufwachens sind sehr gefährlich. (Von Nagahama Inosuke erzählt.)

Sorge dich nicht um Leben und Tod

Ein Samurai ist nutzlos, solange er sich um Leben und Tod Sorgen macht. Man sagt, Konzentration verbessere alle Fähigkeiten. Das klingt, als würde der Geist auf die Verbesserung eines Talentes gerichtet, bedeutet aber, sich nicht mehr um Leben und Tod zu kümmern. Danach sollte alles möglich sein. Künste und andere Arten der Unterhaltung bringen einen nur auf die Schwelle zum Weg des Samurai, aber keineswegs weiter.

Die Fünf Wurzeln gelangen nicht als solche in die Existenz im Zwischenbereich.
Die Fünf Wurzeln sind die fünf Sinnesorgane: Au-

gen (Sehsinn), Nase (Geruchssinn), Ohren (Hörsinn), und Körper(Tastsinn, Geschmackssinn).
Der sechste Sinn der Wahrnehmung, das Bewußtsein, hat keine Form.
Meister Takuan

Der Gedanke bringt das Wort hervor,
das Wort bringt die Tat hervor,
die Tat entwickelt sich zur Gewohnheit,
die Gewohnheit verhärtet sich zum Charakter,
der Charakter wird zu deinem Schicksal.
Dharma

Der Ursprung der Manifestation ist das Bewußtsein.
Schön geistige Fantasien und Überzeugungen vernebeln das Bewußtsein.
Die Wahrnähmung ist getrübt.
Die Erfahrung der Realität, ist nicht der wahren Realität entsprechend.

Blickt ihr in Eure Vergangenheit zurück, werdet ihr erkennen, das ihr die Wirklichkeit damals, anders als heute erlebtet. Wie erlebt wohl ein Baum, ein Frosch, oder eine Fliege,... die Wirklichkeit? Ihr nähmt die Realität die Euch umgibt entsprechend

Eurem Wesen(Charakter, Persönlichkeit) wahr. Eure Betrachtung, bezüglich den verschiedensten Dingen(Menschen, Natur, Technik,...), jedwilliger Situation, richtet sich nach eurer Anschauung, und so nähmt ihr sie wahr. Wenn ihr zum Beispiel eine Mango esst, erlebt ihr, ihren Geschmack auf Individuelle weiße.(Andere Beispiele: das erleben von Zeit, Musik,...)

Je nach dem, von welchem Blickwinkel aus, wir die Realität betrachten, werden wir diese, Individuell verschieden wahr nähmen.

Unsere Vorstellungskraft macht uns den Tieren überlegen. Aufgrund der Fähigkeit sich Dinge vor dem Geistigen Auge vorzustellen, konnten wir erst Werkzeuge bauen, die unser vorankommen in der Evolution sicherten. Jede Vorstellung projiziert ein Bild im Geiste. Jedes dieser Bilder widerspiegelt die Wahrnähmung von etwas. Denken wir beispielsweise an einen Elefanten, sehen wir in unserem Geist einen Elefanten. Denken wir an eine Schildkröte, sehen wir eine. Denken wir an eine Giraffe, sehen wir eine,....

Haben wir aber eine Falsche Vorstellung von einem Elefanten, könnten wir in den Glauben verfallen, eine Giraffe sei ein Elefant. Dies könnte geschehen, wenn uns einst beim Bild einer Giraffe gesagt worden wäre, es sei ein Elefant. Angenommen wir wären niemals in die Betrachtung eines echten Elefanten gelangt, wie könnten wir es schließlich Wissen, das es sich bei dem Bild der Giraffe um keinen Elefanten handelt.

Der Mensch trachtet von Natur aus nach Wissen. So schreitet er am Lebensweg auf der Suche nach Gewissheit dahin. Erlangt er Gewissheit, beharrt er auf sein unumstößliches Recht. Das Recht auf die Wahrheit, die er Selbst Erfahren hatte. Nun stellt sich die Frage, welchen Blickwinkel und welche Überzeugungen seine Wahrnähmung trübten, als der Moment des Erfahrens eintrat? Welche weiteren Überzeugungen daraus geformt wurden?

Vorlieben und Abneigungen können folglich auf einem Irrtum beruhen. Die Erfahrung einer Situation, kann Falsch interpretiert worden sein, aufgrund dessen eine Irrige Überzeugung entstanden ist. Eine Überzeugung die, die wahre Gestalt von etwas Verschleiert und so in einem anderen Licht erscheinen lässt. Im Unterbewussten greifen wir stetig auf diese Überzeugung zurück und bemerken nicht einmal das unsere wahrnähmung getrübt ist.

Ein jeder Mensch, ganz gleich von welcher Abstammung oder Herkunft er ist, strebt in seinem ganzen Leben, nur nach einem: Glück und Zufriedenheit. Jedoch hat ein jeder, eine andere Vorstellung davon was ihm Glück und Zufriedenheit bringt. Dies ist so weil ein jeder andere Erfahrungen macht und zudem jede Erfahrung anders Interpretiert. Dem einen bereitet Vergnügen, was ein anderer Verabscheut. Doch warum Verabscheut der eine Dies? Warum haben wir vor etwas Angst? Weil wir einst, im laufe unseres Daseins dies so für uns entschieden haben. Eine solche Entscheidung kann sich nun förderlich, oder hemmend auf unser Leben auswirken. Selbst eine Irrige Ansicht kann von Glück verheißendem Anklitz zeugen, wenn sie uns auch ein Trugbild „ vorgaugelt"(vortäuscht). Bleibt eine solche Ansicht, aber dennoch eine Illusion, die sich jeder Zeit lichten kann, und somit zu einer erschütternden Entäuschung führen kann. Oftmals werden solche Entäuschungen untermauert und verdrängt, damit die alte Gewohnheit weiterhin bestehen kann. Wer aber die Wahrheit verdrängt, wird in Lüge leben und kein dauerhaftes Glück finden. Verhaltensmuster und Glaubenssysteme die seit „jeher" Gebrauch fanden und schon lange die Eigene Weltanschauung prägen, sind nur sehr schwer zu neutralisieren. Sich selbst im Spiegel zu Betrachten ist unablässig. Das Hinterfragen der eigenen Überzeugungen verlangt oftmals nach Weisheit. Den sie bestärkt das Richtmaß der Vernunft. Unwissenheit mag sich kein scharfes Urteil bilden können, so greifen wir auf Wahrheit in Form von Weisheit zurück.

Eine Meinung, ein Urteil, hat jeder, selbst der Schwachkopf. Auch der Lügner vertritt eine Meinung.

Weisheit ist nicht nur eine Meinung sondern Wahrheit. Ein jeder kann nun selbst Entscheiden ob er sich der Wahrheit stellt, oder ihr Entflieht. Doch die

Wahrheit bleibt die Wahrheit ungeachtet der Verleumdung.
Die Einhaltung der Pflicht, in Form besonderer Wertevorstellungen gab es zu jeder Zeit in der Religion. Der keineswegs Absurde Kern so mancher Religion, stimmt mit anderen Religionen überein. Wahrhaftige Weißheit, insofern sie in verschiedensten Religionen besteht, gleicht einander. Vermochte doch zumindest, Teils jede Kultur Wahre Weißheit zu erkennen. Solange Religion nicht völlig Verblendet war, bestand in ihr doch der Wunsch der Rechtschaffenheit.
Als Pflicht Gottes ersehen und bestimmt, zur Liebe und zum Wohle Aller Wesen ausgetragen. Solch Rechtschaffener Natur, ist die Buddha-Natur, die Natur Gottes-Selbst. Folgen wir ihrer Erhabenheit, werden wir vollkommenes Glück erlangen.
Menschen klammern sich an verschiedenste Dinge und machen ihr Zufrieden sein davon abhängig.
Wo doch das Gefühl, (Empfinden) der Zufriedenheit ihren Ursprung im Eigenen Körper hat, und nicht außerhalb. In sich Selbst zufrieden sein, das erlangen wir durch Weisheit.
Warum, habt Ihr die Entscheidung getroffen, dieses Buch zu kaufen und warum lest Ihr es gerade?

Was nützen Erfahrungen, und die daraus hervor gedrungenen Überzeugungen, wenn schon die gemachte Erfahrung einem Irrtum unterlag?

Halte dich nicht für etabliert

Ein Mann, der denkt, er sei schon etabliert, ist unklug; ein Mann, der mit festgefahrenen Ansichten zufrieden ist, die er durch erhebliche Anstrengung gewann, ist bereits in eine Falle getreten. Beide Männer sollten vielmehr zuerst danach streben, die grundlegende Einstellung gegenüber Fertigkeiten zu erlangen und lebenslange Bemühungen auf das letzte Ziel zu unternehmen. Ohne einen Augenblick der Selbstzufriedenheit mit dem bißchen, was man herausgefunden hat, sollte man seine erreichten Ergebnisse immer noch für unbefriedigend und nicht gut genug halten und den rechten Weg zur Meisterschaft das ganze Leben lang erforschen. Die Wahrheit liegt nirgendwo sonst als auf diesem Weg des Bemühens selbst.

Achte auf deine Worte

Ein Mann mit schwacher Überzeugung wird leicht von anderen auf deren Seite gezogen. Bei einem Treffen hört man sich manchmal ausrufen: „Genau!", wenn man von einem anderen Mann fasziniert ist, der unachtsam über etwas spricht, über das er nicht nachgedacht hat. Eine dritte Partei wird solch ein Wort sicher für Zustimmung halten. Man muß also auf der Hut sein, wann immer man mit anderen zusammentrifft.

Wenn man seine Meinung sagt oder darauf angesprochen wird, sollte man mit dem anderen so ver-

fahren, daß man von ihm nicht eingenommen wird, und bereit sein, die eigene Ablehnung klar zu formulieren und Ideen, die den eigenen entgegenstehen, zurückzuweisen. Sogar in einer unbedeutenden Angelegenheit kann ein scheinbar zu vernachlässigendes Detail eine Falle sein, wenn man nicht stets auf der Hut ist.
Es ist weise, sich nicht zu sehr mit einem Mann von fragwürdigem Charakter anzufreunden, damit man nicht von ihm eingenommen und in sein verdrehtes Denken verwickelt wird. Man benötigt jahrelange Erfahrung um sich von solchen Irrtümern freizuhalten.

„Nur einen wichtigen Punkt sollten Sie sich vergegenwärtigen und von ihm sich leiten lassen: Gleichgültig, wie andere Menschen Sie titulieren- Sie sind lediglich, wer Sie sind. Halten Sie sich an diese Wahrheit. Fragen Sie sich, wie Sie Ihr Leben führen möchten. Wir leben und wir sterben. Nur wir ganz allein können uns dieser Wahrheit stellen. Niemand kann uns dabei helfen, nicht einmal der Buddha. Denken Sie also sorgfältig darüber nach: Was hält Sie davon ab, so zu leben wie Sie gern leben möchten?
Dalai Lama

Das kurze Leben eines Mannes

Das Leben eines Mannes ist nur ein aufblitzender Moment; ein Mann sollte sein Leben mit dem ver-

bringen, was er will. In diesem kurzen Leben wäre es falsch, sich als Mann zu etwas zwingen zu lassen, was man nicht mag, und so sein Dasein leidend zu verbringen.
Wenn dieser Gedanke natürlich falsch ausgelegt wird, ist er schädlich. Darum habe ich ihn für mich behalten und nie jungen Männern verraten.
Ich mag meine Nickerchen. Ich denke daran, stilvoll, gemäß meinen gegenwärtigen Umständen, nur noch im Haus zu bleiben und mich am Schlaf zu erfreuen.

Glaube nicht an etwas, nur weil du es gehört hast.
Glaube nicht an Traditionen, bloß weil sie von Generation zu Generation weitergegeben wurden.
Glaube nicht an etwas, nur weil viele darüber sprechen.
Glaube nicht an etwas, nur weil es in religiösen Büchern steht.
Glaube nicht an etwas, nur aufgrund der Autorität deiner Lehrer und Älteren.
Aber nachdem du etwas beobachtet und analysiert hast und erkennst,
dass es Sinn ergibt und dem Wohl deiner selbst und aller dient, nimm es an und lebe danach.
Siddhartha Gautama, Buddha

Ich glaube, daß jeder von uns das tun sollte, was er als

recht und nutzbringend ansieht, ungeachtet dessen, was andere von ihm halten oder über ihn sagen. Dein heutiges Leiden kann alles vergangene Leiden hinwegspülen. Leiden in Liebe und Bewußtheit zu ertragen kann den unerbittlichen Haß von Tausenden von Lebzeiten tilgen.

Offenheit in Weisheit gebadet, ohne Anhaftung, Frei, von Klarheit gesäumt, so sollt Ihr den Weg vor ran schreiten.

„Die Reise von tausend Meilen beginnt mit einem einzigen Schritt."

Weisheit ist Wahrheit, als Solche sie uns vor Irrtümern bewahrt, und so sichert sie uns einen sorgenfreien Zustand.

Beachtet (Weisheit ist nicht Wissen):
Eine bloße Kenntnis der Werke wurde jedoch wenig geschätzt. Ein bekanntes Sprichwort macht den, der nur eine verstandesmäßige Kenntnis besitzt, als einen Mann lächerlich der immer fleißig ist, aber die Lehre nicht kennt.
Inazo Nitobe, Bushido

Wissen und Handeln ist ein und dasselbe.
Wan Yang Ming

Wir wissen, aus welchen Fehlern unsere Tugenden entspringen.
Inazo Nitobe, Bushido

Fürchte keine Fehler
Ein Gefolgsmann, der nichts als seine Pflichterfüllung im Gefolgsdienst liebt, ist lobenswert. Ein Gefolgsmann, der vor einem großen Auftrag Angst hat und bittet, von ihm befreit zu werden, ist ausweichend und unmännlich. Wenn jemand bei einem Auftrag trotz größter Anstrengung versagt, ähnelt das Versagen einem ehrenhaften Tod in einer verzweifelten Schlacht.

Kümmere dich nicht um Kleinigkeiten
Ein Sprichwort lautet: „Ein Mann großer Taten kümmert sich wenig um seine Fehler." Ein Gefolgsmann wird nicht unansehnlich, wenn er den Dingen gegenüber liberal eingestellt ist, hin und wieder seinen eigenen Weg geht und dabei ein wenig Ärger erzeugt, solange er danach trachtet, dem Fürsten mit unbeugsamer Loyalität zu dienen, die ich im Detail im „Gukenshu" erläuterte.
Ein in allem untadeliger Mann allerdings hat etwas Häßliches an sich. Er wird sich wahrscheinlich einer Angelegenheit höchster Wichtigkeit nicht mit größter Inbrunst widmen. Ohne Fehler, so heißt es,

kann ein Mann nichts Großes vollbringen. Wer ein erhabenes Ziel hat, so heißt es weiter, fühlt sich bei seinen kleinen Vergehen nicht unglücklich.

Zögere nicht, Fehler zu korrigieren

Konfuzius sagte: „Wenn du einen Fehler machst, zögere nicht, ihn zu korrigieren." Wenn du das sofort tust, werden die Folgen des Fehlers erheblich vermindert. Zu versuchen, den Fehler zu verbergen, bringt nur Leiden.

Wenn du zum Beispiel bemerkst, daß du etwas gesagt hast, was du besser für dich behalten hättest, solltest du es unverzüglich zugeben. In diesem Fall bleibt das, was du sagtest, nicht bestehen. Wenn dich dann immer noch jemand kritisiert, kannst du entgegnen: „Ich habe einen Fehler gemacht und ihn zugegeben. Wenn du denkst, das sei nicht genug, kann ich daran nichts ändern. Ich habe das, was ich äußerte, nicht im Hinblick auf dich gesagt, darum wäre ich dankbar, wenn du so tun könntest, als hätte ich gar nichts gesagt. Wir können es eben alle nicht vermeiden, gelegentlich etwas über andere zu sagen, nicht wahr?"

Unter keinen Umständen solltest du je ein Geheimnis oder Gerüchte über andere Menschen weitergeben. Wenn du mit einer Gruppe von Menschen zusammen bist, solltest du sorgfältig jedes Wort bedenken, das du äußerst.

Ich muss euch ersuchen meine Unhöflichkeit zu ent-

schuldigen, doch zu guter Letzt, will ich eine bitte äußern, die mir auf der Seele lastet:
„Benutzt die Weisheit, mit Reife aus der Weisheit. Lasst sie nicht zur Selbstgefälligen Darstellung des Egos heranwachsen. Nur selbstlose Weisheit ist wahre Weisheit, und Hochmut kommt vor dem Fall. Weisheit sollte nicht dazu missbraucht werden, um andere im Übermut zu belehren, oder sein Recht auf die Wahrheit zu beanspruchen. Weisheit ist mit Vernunft ein zusetzten, sodass, und dies ist der Punkt der mir so wichtig ist, sie als Hilfe um anderen den Weg zu weisen dient." Nur Weisheit die zum wohle aller dient, ist wahre Weisheit.
(Aus Verstehen hervor gedrungene selbstlose Vernunft, ist meines Erachtens ein Einblick in Weisheit. Wobei Vernunft auf leeren Überzeugungen beruhen kann, führt Weisheit zu Wahrheit.)

Sei vorsichtig mit Vorhaltungen gegenüber anderen

Anderen Vorwürfe zu machen, um ihre Verfehlungen zu korrigieren, ist als Ausdruck von großer Gnade und Mitleid einer der wichtigsten Dienste, die von einem Gefolgsmann erwartet werden. Das erfordert ein extremes Maß an Taktgefühl.
Es ist einfach, das Gute und Böse in einem anderen herauszufinden; gleichermaßen ist es einfach, ihn für seine Verfehlungen zu kritisieren. Viele Menschen halten es für angebracht, anderen offen Ratschläge

zu erteilen über etwas, was nicht bereitwillig akzeptiert wird und als Thema schwer anzuschneiden ist, und geben auf, wenn die Ratschläge nicht angenommen werden. Das nutzt niemandem, weil andere so nur der Scham und dem Gesichtsverlust ausgesetzt werden.

Solche Ratschläge beruhigen lediglich den Geist des Ratgebers.

Bevor man einem anderen Rat erteilt, muß man zuerst feststellen, ob der andere sich in geeigneter Verfassung befindet, mit einem für Belehrung offenen Geist, und dann so familiär mit ihm werden, daß er dem Ratgeber vertraut. Man muß hin und wieder die Aufmerksamkeit des anderen erregen, indem man auf dessen Neigungen und andere Dinge, die ihn interressieren, eingeht. Dann muß man sorgsam die beste Zeit und Methode auswählen und die beabsichtigte Belehrung beiläufig einfließen lassen, ohne direkt zu belehren, sondern in Form von gelegentlichen Briefen, Abschiedsbesuchen oder diskretem Gespräch über die eigenen Mängel und Schnitzer.

Wahres Belehren liegt darin, den anderen die Ermahnung ganz natürlich schlucken zu lassen, wie Wasser in einer durstigen Kehle, wie eine Kur für die Verfehlungen des anderen, nachdem man ihn durch Loben seiner Stärken aufgebaut hat. Belehren ist eine schwierige Aufgabe. Ich weiß aus eigener Erfahrung, daß Fehler, die normalerweise langlebig sind, nicht auf üblichem Wege wettgemacht werden können.

Wahre, große Gnade und Mitleid offenbaren sich, wenn sich Gefolgsleute eines Clans untereinander in Brüderschaft zusammentun, des anderen Schwachpunkte korrigieren und sich anstrengen, ihrem Fürsten als ein Mann zu dienen. Wie kann jemand dieses letztgültige Ziel erreichen, wenn er andere bloß der Scham aussetzt?

Sei bescheiden und handle nach den Lektionen
Es gibt viele, die belehren wollen, und nur wenige, die ihnen zuhören wollen. Noch weniger halten sich an die Lektionen. Wenn ein Mann schon in seinen Dreißigern ist, wird niemand es wagen, ihn zu ermahnen. So neigt er dazu, ohne daß ihm eine Lektion erteilt würde, seinen eigenen Weg zu gehen, wiederholt er seine Missetaten und Torheiten immer wieder, bis er als Tunichtgut endet. Darum muß man sich mit einem vernünftigen Menschen umgeben und seinen Belehrungen lauschen.

Der Gedanke aus selbstloser Weisheit ist Namenlose Rechtschaffenheit.
Die Handlung aus selbstloser Weisheit ist Rechtschaffenheit.

„Das Selbst studieren heißt, das Selbst zu vergessen, und das Selbst vergessen heißt, mit allen Wesen eins zu werden.“ Dogen
Wir brauchen die anderen, um herauszufinden, wer

wir gemäß der Vorstellung, die wir selbst von uns haben, eigentlich sind.

Weisheit bewirkt Einsicht
Einsicht durchströmt Geist und Körper
Durchdrungen vom Strom, fließt Einsicht wie Wasser.
Ein verfestigter Gedanke, eine Überzeugung (Starrsinn) und das Wasser erstarrt zu Eis.
Die Wirkung der Weisheit hört auf zu fließen.

Wahrhaftige Weisheit ist wie ein leuchtender Stern am Himmel, der vor Einsicht erstrahlt, und so den Weg weist.

Das, daß Leben dem Schicksal unterliegt und somit eine Verkettung von Notwendigkeiten darstellt, ist eine Wahrheit die außer Frage steht. (Karma)
Jedoch obliegt die Betrachtung(Wahrnähmung) der Wirklichkeit(Realität) meiner Person und somit kann ich selbst Entscheiden wie ich der Wahrheit begegne.

Erkenne die wahre Natur von Gut und Böse
Die Schicksalsschläge in einem Menschenleben können nicht seinen guten oder schlechten Seiten zugeschrieben werden. Aufstieg und Fall des Menschen liegen in der Natur der Dinge, während seine guten und schlechten Seiten von irdischem Urteil durch

den Menschen abhängen. Menschen neigen jedoch dazu, die Höhen und Tiefen anderer als Folgen von Tugend und Unsitte zu sehen, um andere mit einer lebendigen Lektion zu beeindrucken.

Kapitel 2

Eigene Regeln

1. Bewahre ein Schweigsames, aber durch und durch Freundliches Gemüt.
Erstrahle in einem Licht der Freundlichkeit, die in die Herzen der Menschen gelangt.
Niemals von sich Selbst sprechend, übe dich in Schweigsamkeit.
Sei stehts Achtsam, im aufrichtigem Bemühen um Zurückhaltung und Höflichkeit.
Denn manche Dinge, bleiben besser unausgesprochen.
„Verborgen tief im Innern des Waldes steht der Baum, der schon ganz verfault zu sein
scheint. Aber wenn sein Kern noch gesund ist, kann man ihn doch noch wieder zum
Blühen bringen."Aus dem Buch von A. B. Mitford: Das alte Japan Sagen, Mythen, Märchen, Bräuche

„Wenn wir Indianer essen, dann essen wir. Wenn wir laufen, dann laufen wir, und wenn wir reden dann reden wir."
Für die Medizinleute ist Reden zu heilig, als dass es zum bloßem Geschwätz verkommen darf.
Geschwätz, intellektuelle Diskussion verschwendet zu viel kostbare Energie. Je mehr, ein vermeintliches Problem diskutiert wird desto schwächer wird die Wortkraft, desto größer wird die Gefahr des gegenseitigen Missverständnisses. Es können Tage vergehen, ohne dass ein „heiliger Mann", eine „heili-

ge Frau“ ein Wort von sich gibt. Wenn er/sie dann spricht, oder sein/ihr heiliges Lied singt, dann ist es treffend, dann ist es wirksam, dann erreicht es die Herzen anderer, dann hören selbst die Geister zu.
Bill Tallbull

Achte auf deine Sprache
Der Samurai muß auf alles vorbereitet sein, um nicht das geringste Wanken zu zeigen. Wenn man nicht auf seine Sprache achtet, mag man etwas daherreden wie „Ich habe Angst“, „In so einem Fall werde ich sicher fliehen“, „Das ist fürchterlich“ oder „Es tut schrecklich weh.“
Weder im Schlaf noch im scherzhaften Gespräch sollte ein Samurai sich erlauben, solche Worte zu äußern. Wenn sie von einem vernünftigen Mann gehört werden, kann er die Gedanken auf dem Grund des Herzens eines solch sorglosen Sprechers leicht erkennen. Sei immer auf der Hut.

Das erste Wort
Das erste Wort aus dem Munde eines Samurai ist wichtig, weil dieses eine Wort seine Tapferkeit offenbart. In Friedenszeiten wird Mut an den Worten erkannt, die einer äußert; sogar in unruhigen Zeiten zeigt das erste Wort ob der Krieger tapfer oder ängstlich ist. Das erste Wort ist sozusagen die Blume des Samurai-Geistes; es entzieht sich angemessener Beschreibung.

Hüte deine Zunge

Achte darauf, keine Bemerkungen zu machen, die im Zusammenhang mit gegenwärtigen Angelegenheiten Widerstand hervorrufen. Wenn es Komplikationen gibt, neigen die Menschen zur Aufregung und reden unbewußt von nichts anderem. Solche Bemerkungen, nach denen niemand verlangt hat, können im schlimmsten Fall den sorglosen Sprecher, der seine Zunge nicht im Zaum hält, das Leben kosten. Selbst in milderen Fällen können die Anmerkungen andere mit tief verwurzeltem Groll gegen ihn aufbringen. Um solche Fehltritte zu vermeiden, sollte man in seinem Quartier bleiben und einen Tag mit dem Verfassen von Gedichten oder ähnlichem verbringen.

(**Sei vorsichtig in deinen Aussagen**

Mach keine beleidigenden Bemerkungen. Sei sorgsam. Wenn ein problematischer Sachverhalt ans Licht kommt, neigen die Menschen dazu, in Verwirrung darüber zu reden, ohne sich genau auszukennen. Das ist nutzlos. Wenn das Schlimme zum Schlimmsten wird, führt es zu heftigen Auseinandersetzungen. Selbst wenn die Dinge nicht so weit kommen, laden beleidigende Worte Feinde ein, die voller Mißgunst sind. Unter solchen Umständen ist es besser, daheimzubleiben und sich mit Gedichten und ähnlichem zu beschäftigen.)

Sei nicht sprachlos

Wenn jemand, ob betrunken oder einfach nur unbedacht, in deiner Gegenwart eine rüde Bemerkung macht, über die du nicht hinweggehen kannst, ist es ratsam, daß du ihm mit ein paar Worten antwortest, um die Situation zu bereinigen. Ein Mann, dessen Geist schnell in Wut entbrennt, ist zu ungeduldig, um mit einer passenden Bemerkung augenblicklich zu kontern, fühlt sich in die Ecke gedrängt und zieht sein Schwert; ein dummer Anblick. Wenn jemand ein Narr genannt wird, sollte er den anderen Idiot nennen.

Hätte Shobei die gespannte Atmosphäre gelockert, als er bei einem Trinkgelage lächerlich gemacht wurde, hätte es keine peinliche Situation gegeben, noch wären die beiden Streithähne von Wut übermannt worden. Shobei hätte sagen können: „So sehr ich deinen freundlichen Einwurf auch schätze, ich würde ihn lieber privat hören. In Gegenwart zahlreicher Menschen könnte dein Rat klingen, als würde er mich herabsetzen. Zudem könntest auch du wegen etwas kritisiert werden, wenn ich deinen verächtlichen Bemerkungen lauschen muß. Schließlich ist die eigene Logik, wenn man betrunken ist, oft zerstreut. Darum will ich dir gern zuhören und deinen Rat befolgen, wenn du nüchtern bist. Und nun, nimm ein wenig mehr Sake.“ Wenn die andere Partei immer noch unvernünftig argumentiert, kann man mit angemessenen Erwiderungen reagieren.

Es bleibt anzumerken, daß es einem Trunkenbold schwerfällt, einen Mann von Überzeugung zu einem Disput herauszufordern.
Vor einigen Jahren nannte ein Mann einen anderen ein „Kreuz“ (an dem ein gewöhnlicher Krimineller hingerichtet wurde), während sie Dienst in der Burg taten, was des anderen Wut unabwendbar herausforderte. Der wütende Mann brach zum Haus des Beleidigers auf, um ihn zu töten, als Gorozaemon und Narutomi Kurando, die Nachtdienst in der Burg hatten, den Beleidiger mitten in der Nacht zur Burg kommen ließen, damit er sich bei dem Beleidigten entschuldigte. So bereinigten sie die Sache im stillen.
Wenn in diesem Beispiel der Beleidigte auf der Stelle geantwortet hätte: „Du bist ein >Pfahl< (an dem ein Krimineller lebendig verbrannt wurde)!“, wäre nichts Ernsthaftes passiert. Immer stumm zu bleiben ist feige. Der Effekt angemessener Worte an Ort und Stelle muß im eigenen Geist wohlerwogen werden.

Ein Mann weniger Worte

Im Dienst hielt mich meine feste Hingabe an die Pflichten davon ab, bei der Arbeit oder zu Hause nachlässig zu werden. Ich bemühte mich, meinen Mund zu halten und dann, wenn eine Angelegenheit nicht mit verschlossenen Lippen bereinigt werden konnte, nur ein Wort statt zehn zu äußern. Yamazaki Kurando war auch von dieser Art.

Sei kein Bettler

Manchmal spricht jemand von etwas, das er dringend benötigt und das ihm dann von einem Zuhörer bewilligt wird. Wenn das wiederholt geschieht, ist es verachtenswert. Es ist am besten, das, was man braucht, gar nicht zu erwähnen und auch nicht darum zu bitten.

Das Wort eines Samurai

Als Moro´oka Hikoza´emon wieder zum Dienst verpflichtet wurde, erklärte ihm der Fürst, was er zu tun und zu lassen habe. Auf den Befehl des Fürsten hin, sein Versprechen im Namen der Götter niederzuschreiben, entgegnete Hikoza´emon jedoch: „Die mündliche Zusage eines Samurai ist unabänderlich. Selbst Buddha und die Götter können nicht so weit gehen." Da betrachtete der Fürst die Sache als erledigt. Hikoza´emon war zu dieser Zeit gerade sechzehn Jahre alt.

Wie man argumentiert

Bei einem Streit solltest du zuerst sagen „Du hast recht" und dein Gegenüber all seine Standpunkte erklären lassen. Wenn er in seiner Aufgebrachtheit einen Fehler macht, wende diesen gegen ihn und bringe so viele Argumente wie nötig.

Schweigen ist Gold

Von höchster Wichtigkeit im Gespräch mit anderen

ist, seine Zunge im Zaum zu halten. Wenn jemand eine Angelegenheit bereinigt haben will, ohne seinen Mund zu öffnen, soll er einfach nichts sagen. Wenn es aber nötig wird, Wichtiges zu äußern, sollte man sorgfältig nur wenige Worte wählen, die voller Vernunft klingen. Unnötig zu reden könnte Schmach über den Redner bringen und ihn den anderen für immer entfremden.

> 2. Konzentriere dich auf den Buddhismus. Lass dich von ihm Leiten, so wirst du auch durch ihn die tiefe Bedeutung der 1.Regel erkennen.

Fühle dich keinem Mann unterlegen

„Wer einen Meister seiner Kunst beobachtet und ihm zuhört und daraufhin schließt, er könne es nie soweit bringen, ist ein Weichling; wer sich dem Meister, einem anderen Menschen, nicht unterlegen fühlt, und sein Herz ganz auf Meisterschaft ausrichtet, hat seine Füße bereits auf den Weg der Vervollkommnung gesetzt. Konfuzius hatte seinen Namen verdient, als er sein Herz im Alter von fünfzehn Jahren aufs Lernen richtete. Es folgten Jahre des Studiums, bevor er ein Weiser wurde“, sagt Ittei. Eine buddhistische Schrift meint: „Wenn jemand zum Buddhismus erweckt wird, leben die Lehren des Buddha bereits in seinem Geist.“

3. Sei nicht Faul oder Träge, bewahre Ziele und Strebe danach. Zufriedenheit kann nur der Fleißige ernten. Verlierst du sie aus den Augen, verlierst du dich selbst, in der unerbittlichkeit des Daseins.

Kein Ende der lebenslangen Übung

Yagyu wurde so vernommen: „Ich weiß nicht, wie ich andere besiegen kann, ich weiß nur, wie ich mich selbst bezwingen kann. Lebenslange Übung kennt kein Ende; man muß sich nach jedem Tag des Trainings verbessert finden und Vollkommenheit auf seinem gesamten Lebensweg anstreben."

Zuerst kommt die Vitalität

Als ich Yasaburo ein Gedicht auf eine rechteckige Karte schreiben ließ, betonte ich die Vitalität in der Kalligraphie mit den folgenden Worten: „Stell dir vor, du würdest nur ein Wort über die gesamte Karte schreiben, als würdest du die Karte mit deinem Pinsel zerreißen. Ob deine Kalligraphie vorzeigbar wird oder nicht, hängt von deiner Energie ab. Alles, was von einem Samurai verlangt wird, ist, daß er sich voller Lebensenergie fühlt und nicht müde und nachlässig."

Lebe genau diesen Augenblick

Laß mich dir sagen, was man antworten soll, wenn man gefragt wird: „Was ist von allergrößter Bedeutung beim eigenen Training?“ Es ist: „Mit Leib und Seele an das eigene Ziel in genau diesem Augenblick zu glauben.“ Die Einstellungen der Menschen heutzutage scheinen dieser scharfen mentalen Haltung beraubt.

Ein ausdrucksstarkes Gesicht zeigt, daß der Mann von ganzem Herzen an sein Ziel glaubt. In seinem ständigen Bemühen kristallisiert etwas im eigenen Geist. Dieses Etwas wirkt als Loyalität gegenüber dem Fürsten, als kindliche Ergebenheit gegenüber den Eltern und als Mut beim Ausüben von Bushido. Es wirkt noch auf viele andere Weisen.

Es ist schwer, dieses „Etwas“ zu entdecken, noch schwerer, es ständig im Sinn zu behalten. Der einzig mögliche Weg ist, genau diese Sekunde so gut wie möglich zu leben.

Zeige deinen unzähmbaren Entschluß

Als die Männer, die dem Fürsten nahestanden, auf verschiedene Truppenstandpunkte in Nagasaki verteilt wurden, fand ich auf der Liste meinen Namen der Reservearmee zugewiesen, die von meinem Fürsten entfernt stationiert war. Darum erklärte ich dem leitenden Beamten: „Ich kann einen solchen Posten nicht annehmen, der mich zu Kriegszeiten von meinem Fürsten trennt. Ich schwöre hiermit inständig, mein Herr, mein Siegel der Anerkennung nicht auf diesem Rundschreiben anzubringen. Sollten sie mich für anmaßend halten und mir meinen

Posten abnehmen, wäre das genau das, was ich will. Wenn mir befohlen würde, seppuku zu begehen, wäre ich sogar noch glücklicher." Später wurde die Angelegenheit überprüft und Änderungen bei den Garnisons-Posten vorgenommen. Vergiß nicht: Ein Mann, der nicht in der Lage ist, seinen unzähmbaren Entschluß in der Jugend zu zeigen, ist nichts wert.

Sei entschlossen

Ein altes Sprichwort lautet: „Denke scharf nach und entscheide innerhalb von sieben Atemzügen". „Fürst Takanobu kommentierte einmal: „Langes Überlegen stumpft den scharfen Rand einer Entscheidung ab." Fürst Naoshige wurde so vernommen: „In sieben von zehn Fällen stellen sich die Dinge, die zögerlich ausgeführt wurden, als falsch heraus. Von einem Samurai wird schnelles Handeln erwartet bei allem, was er in Angriff nimmt."

Ein verwirrter Geist führt zu keiner klaren Entscheidung. Ein Mann ohne nagende Zweifel, von frischem und hohem Geist, kann innerhalb von sieben Atemzügen zu einer Entscheidung kommen. Geistesgegenwärtig muß man entschlossen eine Entscheidung treffen.

Bewege Himmel und Erde

Nichts ist in dieser Welt unmöglich. Fester Entschluß kann Himmel und Erde bewegen, sagt man. Dinge scheinen weit jenseits der Macht eines Menschen zu liegen, weil er sein Herz aus Mangel an starkem Willen nicht auf ein schwieriges Projekt richten kann. Es hängt ganz von der geistigen Einstellung ab, „sogar Himmel und Erde zu bewegen, ohne die eigene Stärke anzuwenden."

Entschlußkraft strahlt aus

Solange jemand seine tiefsitzende Bereitschaft zur Tugend wachhält, wird er zweifellos als erster für eine schwierige Aufgabe bei einem Notfall ausgewählt. Diese Bereitschaft offenbart sich im täglichen Benehmen und der Art zu sprechen. Von höchster Bedeutung sind beiläufige Bemerkungen. Dabei sollte man nicht sein Herz ausschütten. Entschlußkraft wird durch das Verhalten im Alltag offensichtlich.

Sei ständig wachsam

Fürst Naoshige ging nachts gerne aus, machte es sich aber zur Gewohnheit, so lange zu plaudern, bis er nüchtern war, ehe er heimkehrte. Zum Schlafen bereit, zurrte er sein Leintuch fest. Er zog sein langes Alltags-Schwert, inspizierte dessen eiskalte Klinge so genau, daß sie seine Brauen berührte, und steckte sie dann zurück in die Scheide. Dies versäumte er nicht eine Nacht.

Wie man Männer von Talent findet

Fürst Katsushige reichte seinem Sohn Mitsushige noch vor der Übergabe der Herrschaft ein Dokument, das Fürst Naoshiges Worte zu zwanzig Themen enthielt. Ich verweise auf eine Unterhaltung, die am 26. Mai zwischen Fürst Naoshige auf seinem Totenbett und seinem Sohn, Fürst Katsushige, stattfand:

„Am wichtigsten beim Regieren eines Clans ist es, Männer von herausragendem Talent zu finden", sagte Fürst Naoshige.

Darauf fragte Fürst Katsushige: „Sollte man Buddha und den Göttern gegenüber einen Eid ablegen, um gute Gefolgsleute zu bekommen?"

„Nein", antwortete sein Vater, „im allgemeinen beten Menschen zu Buddha und den Göttern um etwas, das sie nicht aus eigener Kraft erlangen können; gute Männer zu finden steht aber in des Menschen Kraft."

Als er noch einmal gefragt wurde, wie man das schaffen könne, sagte er: „Die Dinge haben die Eigenschaft, sich um einen Mann zu versammeln, der sie mag. Wenn zum Beispiel ein Mann, der nie eine Pflanze besaß, zu einem Blumenliebhaber wird, wird er sich nach einer Weile von vielen Blumenarten umgeben finden, manchmal sogar von einer oder zwei seltenen Sorten. Ebenso kann ein Mann, der talentierte Männer mag, sie für sich gewinnen – indem er sie liebt und sich um sie sorgt."

Von Fürst Naoshige ist auch überliefert: „Nichts, was nicht aus Aufrichtigkeit entsteht, kann wirklich nützlich sein." Des weiteren verwies er auf verschiedene andere Dinge.

4. Alles ist Training(Prüfung). Jede Situation, jeder Moment stellt eine Aufgabe dar, die es Best möglichst zu bewältigen gilt. Sei stehts Achtsam, handle bewußt und überlegt, damit du später nichts bereuen musst.
„In einer Schlacht gibt es kein „wenn,..." und „hätte,...!"
Ein Sieg, ist ein Sieg und eine Niederlage, eine Niederlage."
„Unsere Handlungen sind genau besehen und gründlich verstanden, unser Erbe das wir in dem Augenblick da wir sie ausführen, der Welt überantwortet haben."
Aus dem Buch von Diana Eshin Rizzeto: Zen für jeden Tag

Ein beliebter Mann
Ein Mann, der sich auskennt, wird bald Opfer von Selbsttäuschung und erfreut sich daran, ein fähiger Mann genannt zu werden, prahlt, seiner Zeit voraus zu sein, von der Illusion geblendet, daß niemand ihn übertreffen könne. Solch ein Verhalten wird sicher den Zorn des Himmels nach sich ziehen.
Welches Talent man auch immer geschenkt bekommt, man kann keinen guten Dienst leisten, wenn man von anderen nicht gemocht wird. Niemand kann einen Mann hassen, der sich darum bemüht,

nützlich zu sein, der seinen Dienst liebt, sich dafür anstrengt und allzeit bereit mit seinen Weggefährten arbeitet.

Leidenschaftliche Hingabe in jedem Moment

Es gibt nichts Wichtigeres als die leidenschaftliche Hingabe in einem gegebenen Augenblick. Das Leben besteht aus dieser Glut, die immer wiederholt wird. Der Geist eines Mannes, der zu dieser Wahrheit erwacht ist, wird weder von irgendwelchen drückenden Belastungen noch von Wünschen besetzt. Er muß sein Leben nur auf leidenschaftliche Hingabe ausrichten.

Dennoch ist niemand in der Lage, diese Wahrheit zu verwirklichen; niemand hört auf, nach anderen wichtig aussehenden Dingen des Lebens zu suchen. Es dauert viele Jahre, die leidenschaftliche Hingabe immer mit sich zu tragen und schließlich von der Verblendung befreit zu werden. Einmal erwacht, muß man nicht immer bewußt in konzentrierter Anstrengung leben. Die leidenschaftliche Hingabe in jedem Augenblick kann, wenn gründlich verwirklicht, einen Mann klar über der täglichen Verwirrung durch kleine Dinge stehen lassen. Loyalität ist in dieser leidenschaftlichen Hingabe enthalten.

Jeder Moment ist entscheidend

(Wie von Yamamoto Tsunetomo seinem Adoptivsohn Gonnojo erzählt) Der gegenwärtige Augenblick kann wohl der entscheidende sein; der entscheidende Moment kann genau jetzt sein. Menschen, die diese Momente für getrennte Dinge halten, können im Augenblick des Notfalls nicht bereit sein. Wenn ein Mann genau jetzt zu seinem Fürsten gerufen und angewiesen würde, seine Gedanken zu einem bestimmten Sachverhalt zu äußern, würde er höchstwahrscheinlich keine promte Antwort wissen. Dies bezeugt, daß die Einstellung gegenüber dem entscheidenden Augenblick anders ist als die zu den gewöhnlichen Stunden.

Die verschiedenen Momente für ein und dasselbe zu halten, erfordert tägliches Üben als Gefolgsmann während der Freizeit, um in der Lage zu sein, Dinge explizit zu erklären, wenn man vor das Shogunat oder den Shogun selbst zitiert wird, vor den Lehensfürsten oder ältere Ratsmitglieder des Clans. Und das, selbst wenn man sicher weiß, daß der eigene niedere Rang im ganzen Leben niemals die Möglichkeit bieten wird, in der Gegenwart des Fürsten zu sprechen.

Diese Haltung paßt zu allem – ob du auf dem Schlachtfeld bist oder im bürgerlichen Dienst. Sei also entsprechend umsichtig. Wenn wir dies soweit analysieren, wie sehr müssen wir da erkennen, daß wir ständig unaufmerksam sind!

Sei stets auf der Hut

Fürst Nippo erzählte einem Gefolgsmann während

der Nachtwache: „Ein Samurai sollte stets wachsam sein. Unerwartete Dinge mögen eintreten, wenn du nicht auf der Hut bist, und zu Fehlern führen. Auch solltest du, wenn von einem anderen schlecht geredet wird, davon Abstand nehmen, ihn selbst so zu mißbrauchen. Im Dienst solltest du stets den anderen voraus sein. Nimm nur an einem Vergnügungsausflug teil, wenn du darum gebeten wirst. Wenn ein anderer über etwas spricht, wovon du nichts verstehst, ist es schlechtes Benehmen, so zu tun, als wüßtest du Bescheid. Wenn umgekehrt ein anderer wissen will, was du weißt, ist es schlechtes Benehmen, es ihm nicht zu sagen."

> 5. Ein friedliches zusammenleben, ist ohne gegenseitigen Respekt, nicht möglich. Respekt erfolgt aus Einsicht und Einsicht, erlangt man durch Verstehen. Verstehen erlangt jedoch nur der, der ein offenes Herz hat. Habe Respekt vor Anderen.
> „Denn nur das Wissen darum, wie der andere denkt, kann zu gegenseitigem Verstehen und gegenseitiger Achtung führen." Inazo Nitobe

Sei immer bescheiden wie beim ersten Treffen
Wenn alle Menschen in einer Gesellschaft in Harmonie miteinander leben können und ihr Dasein dem Weg des Himmels überlassen, werden sie sicherlich

bequem und ruhig leben. Ein Mann, der mit anderen nicht in Harmonie lebt, kann nicht als loyal dem Fürsten gegenüber angesehen werden, was für ein edles Prinzip er auch für sich in Anspruch nimmt.
Die da schlecht mit anderen stehen und sogar unregelmäßig stattfindenden Treffen fernbleiben oder nur zynisch daherreden, werden alle von ihrem engen Denken bestimmt. Selbst wenn ein Mann mit einem anderen nicht übereinstimmt, wird ein warmer Gruß von ihm erwartet, wann auch immer er den anderen trifft; er sollte sich darauf einstellen, sich mit dem anderen zu arrangieren, damit wiederholte Treffen nicht langweilig werden – und dabei stets an einen möglichen Augenblick denken, in dem eine freundliche Beziehung dringend nötig sein könnte.
In dieser vergänglichen Welt, in der niemand seines Lebens sicher sein kann, ist es peinlich, ganz plötzlich als jemand zu sterben, von dem andere schlecht denken. Man sollte nicht als geldgeiler Mönch oder Verrückter enden oder wie äußerst schmähliche und selbstsüchtige Kreaturen.
Um anderen Raum zu geben, wetteifere nicht unnötig mit ihnen, bleibe höflich und bescheiden und erledige Dinge bedächtig zum Wohle anderer, selbst wenn sie dir zum Nachteil gereichen, denn das gewährleistet unvermindert freundliche Beziehungen bei jedem Treffen, so als wäre es das erste Mal.
Dasselbe gilt auch fürs Eheleben: Es gibt keinen

Raum für Ehezwist, wenn jemand in späteren Jahren so diskret und bescheiden bleibt, wie er es bei der ersten Begegnung mit dem Ehepartner war.

Erkenne die Natur der anderen

Um Dinge zu klären, sollte man die Natur des anderen schnell verstehen und entsprechend handeln.
Bei einem streitenden Mann von starkem Willen muß man bedächtig nachgeben und seine Vernunft gewinnen, ohne harsch zu klingen und Raum für Ärger zu hinterlassen. So sollten Geist und Worte arbeiten, um Dispute auszuräumen. Ein bestimmter Mann, der von einem Mönch so ermahnt worden war, zitierte ihn in diesem Sinne.

Jemanden besuchen

Ehe man jemanden zu einem kleinen Plausch aufsucht, sollte man den anderen über den geplanten Besuch informieren. Sonst könnte man den Gastgeber besorgt und in ungewöhnlichen Schwierigkeiten vorfinden – was das Vergnügen des Besuchers zunichte macht.
Im allgemeinen ist es besser, einen anderen nur zu besuchen, wenn man eingeladen wurde, denn ein echter Freund ist eine Seltenheit. Selbst wenn man eingeladen wurde, kann ein Besuch in einem deprimierenden und unerfreulichen Treffen enden. Zu oft erlauben zufällige Treffen keine ruhigen Gespräche von Herz zu Herz. Auch aus Treffen zum Zeitver-

treib entstehen oft Fehler. Aber selbst wenn man von Unglück und Sorge betroffen ist, sollte man nicht versäumen, Besucher zu empfangen.

6. Trage keinen Haß im Herzen, mit dir umher. Habe ein kiyoki, akaki, shojiki Herz (reines, helles, gerades, aufrechtes Herz). Deine Augen sind der Spiegel deines Herzens (Seele).
Haß ist der Nährboden für Rache. In der Rache liegt etwas, was das Gerechtigkeitsgefühl befriedigt. Doch in dieser unrechten Welt, würde man nur des Tötens müde werden.
Überwinden von Zorn:
Bedenke der Reue die dein Gewissen zu tragen hat, wenn du etwas getan hast, das du unveränderbar, nicht mehr gut machen kannst. Etwas aus Wut oder Hass hervorgebrachtes, ist niemandem nutze. Es dient lediglich dazu, eben genau diese Gefühle und damit nur sich selbst im Augenblick zu befriedigen. Ein kurz währender Augenblick, der von Lebenslangen Gewissensbissen gefolgt, letztendlich nur Leid verursacht.
Weitaus höher geschätzt als auf brausendes Wüten, ist Geduld und Beharrlichkeit angesichts angespannter Situationen.

Zuschauer sehen mehr als Spieler

Gerechtigkeit zu erreichen, angetrieben von der Abneigung gegen Ungerechtigkeit, ist schwer. Die Gerechtigkeit immer wieder gemäß des eigenen Glaubens an sie zu suchen, führt einen Menschen häufig zu groben Fehlern, weil Wahrheit weit jenseits des Armes der Justiz liegt und nur schwer zu finden ist, es sei denn, jemand ist mit höchster Weisheit ausgestattet.

Wenn jemand Wahrheit nicht selbst finden kann, gibt es immer noch einen Weg dorthin: andere um Rat zu fragen. Selbst ein Mann, der niemals hoffen kann, Wahrheit zu erlangen, kann sehr wohl die Angelegenheiten eines anderen analysieren, so wie oft vom Zuschauen beim Go-Spiel gesagt wird: „Zuschauer sehen mehr als Spieler." Obwohl ein Sprichwort sagt: „Denke immer wieder allein nach, um zu erkennen, daß du irrst", kann eine schwierige Angelegenheit am besten gehandhabt werden, indem man andere um Rat fragt. Durch Zuhören und Lesen zu lernen bedeutet, den Gedanken weiser, alter Männer zu folgen.

(Folgende Haiku wurden zwischen Yamamoto Tsunetomo und Tashiro Tsuramoto getauscht:)

Eine Schale sorglosen Haferbreis
Schmeckt so warm, wie dein Herz ist,
In einer Winterklause.
Kisui

Vertrocknete Halme der Morgenblüte
Knisternd im Feuer
So leuchtend wie unsere brennenden Herzen.
Furumaru

Die Absichten anderer erkennen

Man sagt: „Wenn du die Absichten der anderen erkennen willst, werde krank!“ Wer in gewöhnlichen Zeiten mit anderen vertraut umgeht, sich dann aber plötzlich bei Schwierigkeiten von ihnen distanziert, ist verachtenswert. Man nennt ihn einen Samurai mit Hühnerherz. Wenn sein Freund krank oder in persönlichen Nöten ist, muß ein Samurai ihn aus Zuneigung unterstützen, nach seinem Befinden fragen, Geschenke überbringen lassen und auch heimlich helfen. Jemand sollte niemals in seinem Leben sich von einer Person abwenden, der er moralisch verpflichtet ist. All diese Dinge werfen ein Licht auf das wahre Herz eines Mannes. Es gibt viele, die sich bei Problemen stark auf andere verlassen und, sind die Schwierigkeiten vorüber, die Freundlichkeit und Hilfe der anderen glatt vergessen.

7. Bleib unbeiert, im Hinblick der anmutigen Schönheit einer Frau. Verschließe dich nicht
hier vor. Doch erkenne, die Innerlichkeit des menschlichen Wesens an. Lasse dich nicht
von Äußerlichkeiten täuschen(fesseln). Der Körper verfällt wie ein Baum vergeht.

„Unser Auge nimmt die Äußere Erscheinung wahr, nicht aber das Herz. Daß das Herz schief oder verdreht ist, verletzt unser Auge nicht. Es kommt alles auf ein gesundes und scharfes Urteil an, und wir müssen beständig sorgfälltig aufpassen."

„Die Wahrheit dessen, was innen ist, erscheint auf der Oberfläche." Es wird nutzlos sein, wenn Ihr nicht Wahrheit in Eurem Herzen habt.

Aus dem Buch von A. B. Mitford: Das alte Japan Sagen, Mythen, Märchen, Bräuche

Die einzige Art Schönheit, die nie verblaßt und die kein Leiden verursacht, ist die Schönheit eines mitfühlenden, befreiten Herzens.

Mitgefühl ist die Fähigkeit, bedingungslos zu lieben, nichts als Gegenleistung zu fordern.

Ein befreites Herz ist nicht durch Bedingungen gebunden. Ein mitfühlendes, ein befreites Herz ist wirklich schön. Der Frieden und die Freude dieser Schönheit sind wirklicher Frieden, wirkliche Freude.

Auszug aus dem Buch von Thich Nhat Hanh: Wie Siddhartha zum Buddha wurde

8. Den Eigenen aufsteigenden Gefühlen(z.B. Die im Alltag, in Bezug, auf ein „negatives" Ereignis rühren) bewußt Begegnen(sie Ertragen), ihren Ursprung erkennen und somit zu

überwinden, ist wesentlich! Sich nicht von seinen Empfindungen fesseln(Abhängichkeit), gar täuschen(in die Irre führen lassen) und in diesem Sinne davontragen zu lassen ist daß Ziel! Wichtig ist Solche niemals Verdrängen(Unterdrücken, sich Verschließen).
„Kannst du den Ursprung deiner Gefühle erkennen, wirst du ihre Natur verstehen.
Entwurzelst du irrige Ansichten, wird das Leiden enden."
Aus dem Buch von Thich Nhat Hanh: Wie Siddhartha zum Buddha wurde

9. Wenn man bestrebt, ein gerade aufgetretenes Problem zu lösen, sich Dies jedoch(zum gegebenen Zeitpunkt) als wahrhaft Unmöglich erweist, so ist es für alle Beteiligten vorerst das Beste, sich nicht fest zu klammern(verbeißen), sondern ein Solches(Problem, Unterfangen, Situation) los zu lassen.
Bedauerlicher weiße ist das Gesellschaftliche Niveau größtenteils in Egoismus, (Verschlossenheit) und somit daraus resultierender Intoleranz gestrickt. Wie Töricht ist es doch, sich über Unzulänglichkeiten von Mitmenschen zu Empören, wobei ein solcher „Fehler" eine Schwachstelle ist an der sich der Charakter ändern kann, obliegt es nicht

meiner Verantwortung jemanden auf seinen Irrtum hinzuweisen. Zudem ein derartiges Unterfangen ein hohes Maß an Diskretion erfordere um nicht unhöflich zu erscheinen, würde man dadurch nur das Eigene Herz aufwühlen.
Beispiel: Verschlossene Menschen bringen nicht die Einsicht auf sich ihre Irrtümer einzugestehen. Wenn ein Jemand, derart in seinem Weltbild gefangen(die Realitäts wahrnähmung fungiert aus dem Wesen (Persönlichkeit) eines Menschen), kann man mit Worten nichts ausrichten.
Dies ist so, weil ein Solcher unter dem was man versucht ihm zu sagen, nicht erkennt was gesprochen, sondern indessen, es nur so versteht damit es seiner Realität entspricht.
In diesem Falle, redet man gegen eine „Mauer".
Ein bekanntes Sprichwort sagt: „Morgen sieht die Welt schon ganz anders aus."

Wirf unbedeutende Subjektivität weg

Manche Menschen können sich von Natur aus auf ihre Energiequellen für spontane Entscheidungen verlassen; andere müssen sich im Bett hart den Kopf zerbrechen, um zu einer endgültigen Lösung zu gelangen.
Jedermann wird mit einem unterschiedlichen Maß an Weisheit geboren. Jemand entdeckt Weisheit in sich, von der er nicht einmal träumte, wenn er nur klar

über sein Ego nachdenkt und aufgrund der vier Ratschläge handelt. Auch wenn jeder gern glaubt, eine Lösung für das schwierigste Problem durch ernsthaftes Nachdenken zu entwickeln, führt ein Werten, das sich auf das eigene Ego gründet, zu nichts als negativen und nutzlosen Ideen, wie angestrengt man auch nachdenkt. Wir beschränkten Menschen halten es für sehr schwierig, unsere subjektive Art des Betrachtens abzustellen.

Wenn jemand einem ernsthaften Problem gegenübersteht, muß er es erst einmal ein Weilchen zur Seite legen, sich auf die Grundlagen besinnen, die in den vier Gelübden zitiert werden, und frei von seinem Ego entscheiden. So wappnet er sich gegen ernste Fehlurteile.

Einem Mann, der nie einen Fehler machte, kann man nicht trauen

Einmal wurde bei einer Versammlung die mögliche Beförderung eines bestimmten Gefolfsmannes erwogen. Die Mitglieder wollten die vorgeschlagene Beförderung wegen der früheren Trunksucht des Mannes einstimmig ablehnen, als einer betonte: „Wenn ein Mann nach einem früheren Fehltritt nicht mehr in Erwägung gezogen wird, erstickt das talentierte Männer im Keim. Ein Mann, der einmal versagte, bereut den Fehler und handelt sehr diskret, bereit, dem Lehnswesen zu nutzen. Diesem Mann

sollte deshalb eine angemessene Beförderung zuteil werden."
Gefragt, ob er denn die Konsequenzen einer solchen Beförderung tragen könne, sicherte er das der Versammlung sofort zu. Von allen anderen Mitgliedern nach den Gründen für seine feste Überzeugung gefragt, wies er darauf hin: „Ich plädiere für seine verläßlichen Dienst, weil er einmal versagt hat. Auf der anderen Seite ist ein Mann, der noch nie gepatzt hat, in meinen Augen riskant." Also wurde der Gefolgsmann auf einen höheren Posten versetzt.

Wie man in Diskussionen gewinnt

Wenn man zu einer entschiedenen Antwort bei einem Rechtsstreit oder einer Kontroverse gedrängt wird, sollte man Zeit gewinnen mit Worten wie: „Ich werde dir meine Antwort nach angemessener Überlegung erteilen." Danach sollte man außerdem ergänzen: „Ich möchte über diese Sache noch weiter nachdenken", um ein bißchen Luft zu haben.
Jemand kann verschiedene Arten von Menschen um Rat fragen und dabei die gegebenen Umstände berücksichtigen. Ein weiser Mann mag ihm unerwartete Weisheit anbieten, während die Geschichte – einmal Ignoranten offenbart – weit verbreitet wird und viel Gerede erzeugt, um die Sache zu seiner Zufriedenheit zu werden.
Wenn jemand seinem männlichen oder weiblichen Diener von dem aktuellen Sachverhalt erzählt und

häufig erklärt: „Die andere Seite besteht darauf, ich dagegen hierauf“, kann er sich selbst damit erleichtern und sich zuversichtlich fühlen, im entscheidenden Moment die viel getrübten Worte so darzubringen, daß sie ausgewogen wirken. Wenn jemand alles mit sich selbst ausmacht, wird er eher mit seinen Argumenten scheitern.

Rede auf jeden Fall mit anderen über jedwede Angelegenheit. Kannst du keine weisen Männer um Rat fragen, wird deine eigene weise Lösung dir in den Sinn kommen, wenn du den Sachverhalt mit deiner Frau und deinen Kindern diskutierst. Das sagt Mura Josui, kommt allein von der Weisheit des Alters.

Es ist ratsam, dem Gegner zuvorzukommen, indem man ausspricht, was man definitiv zu sagen hat. Wenn die Worte zu spät und zu einem weniger geeigneten Zeitpunkt ausgesprochen werden, klingen sie wie Entschuldigungen. Außerdem bestätigt man besser wichtige Punkte nach jedem Abschnitt eines Gesprächs. Wenn man dem Gegner einen warmherzigen Rat geben kann, nachdem man ihn argumentativ in die Enge getrieben hat, erringt man einen wirklich rühmlichen Sieg; so sollte vernünftiges Überzeugen vonstatten gehen.

Jenseits der Vierzig

Ryutaiji erzählte mir, daß im Kansai-Gebiet ein Wahrsager ihm einst offenbarte: „Es ist selbst für Mönche nutzlos, in der Welt aufzusteigen, bevor sie vierzig Jahre alt sind. Solch ein Aufstieg würde nur Fehler ermöglichen. Selbst Konfuzius sagte: „Wenn ein Mann vierzig wird, sollte er nicht mehr schwanken. „Mit vierzig haben sowohl Weise wie auch Einfältige Einsicht ins Leben erlangt.“

Aus dem Buch von Laotse(Dietrichs Gelbe Reihe):
Tao Te King Das Buch vom Sinn und Leben
Die Fehler waren keine Fehler und die Verdienste waren keine Verdienste. Und tiefgründige innere Unwahrhaftigkeit hatte alle Verhältnisse durchfressen, so daß nach außen hin Menschenliebe, Gerechtigkeit und Moral noch immer verkündigt wurden als hohe Ideale, während im Innern Gier und Habsucht alles vergifteten.
Bei solchen Zuständen mußte jedes Ordnen die Unordnung nur mehren. Solch einer Krankheit ist nicht mit äußeren Mitteln zu helfen. Besser, man läßt den angegriffenen Körper erst einmal zur Ruhe kommen, damit er durch die Genesungskräfte der Natur sich erst wieder einmal erhole.
Das sei der Sinn des Vermächtnisses gewesen, das er bei seinem Scheiden aus der Welt in den 5000 Worten des Taoteking hinterlassen habe.

Der Trend der Zeiten
Der Trend der Zeiten kann nicht geändert werden. Die Gesellschaft wird nach und nach korrupter und

nähert sich dem Untergang – das ist die Natur der Dinge.
Auch ein Jahr umfaßt verschiedene Jahreszeiten, nicht nur Frühling und Sommer die ganze Zeit; das gleiche gilt für einen Tag, der jeden Moment sein Gesicht ändert. Jeder Versuch, die gegenwärtige Gesellschaft zu der zu machen, die vor hundert Jahren existierte, muß fehlschlagen. Darum sollten wir, dem immer wechselnden Trend der Zeiten gemäß, versuchen, uns ständig zu verbessern. Menschen, die nur nostalgisch die Vergangenheit betrachten, liegen falsch, weil sie diesen springenden Punkt nicht verstehen. Auf der anderen Seite sind diejenigen abergläubisch und unvernünftig, die von den gegenwärtigen Trends eine hohe Meinung haben und alte Sitten vernachlässigen.

Diese Zeiten tragen keine Schuld
Okubo Doko bemerkte einst: „Die Menschen sagen, diese korrupte Zeit könne keine Meisterhand hervorbringen. Ich stimme nicht zu, denn dieser Tage sind ausnahmslos edlere und schönere Päonien, Azaleen, Kamelien und ähnliches gezüchtet worden. Das scheint zu belegen, daß die Schönheit der Dinge von der liebevollen Aufmerksamkeit der Menschen abhängt. Wenn also meisterliche Leistungen hoch geschätzt werden, müssen auch in diesen Tagen Meister auftauchen. Es ist traurig, daß die Menschen dieses Zeitalter als degeneriert betrachten und sich

nicht bemühen. Die Zeit ist nicht schuld, sondern der Mangel an stetiger Übung."

Richtig und falsch

Ein Krieger sollte richtig und falsch vollständig verstehen. Wenn er weiß, wie das eine getan und das andere vermieden werden kann, wird er Bushido, den Weg des Kriegers, erreichen. Und richtig und falsch sind nichts anderes als gut und böse, wenn ich auch nicht verneinen würde, daß es zwischen den Ausdrücken einen kleinen Unterschied gibt. Recht zu handeln und Gutes zu tun ist schwierig und wird als ermüdend angesehen, während falsch zu handeln und Böses zu tun leicht und unterhaltam ist, so daß natürlich die meisten Menschen sich letzterem zuwenden. Doch so wankelmütig zu sein und keinen Unterschied zwischen richtig und falsch zu machen steht der Vernunft entgegen, so daß jeder, der diesen Unterschied versteht und dennoch tut, was falsch ist, kein richtiger Samurai sein kann, sondern nur eine rohe und ungelernte Person. Die Ursache dafür ist eine zu geringe Selbstkontrolle. Das mag noch nicht so schlimm klingen, wenn wir jedoch genau hinschauen, erkennen wir Feigheit als deren Ursprung. Darum beharre ich darauf, daß es für einen Samurai wesentlich ist, dem Falschen fernzubleiben und am Richtigen festzuhalten.

Im Hinblick darauf, Richtiges zu tun, gibt es drei

Abstufungen. Nehmen wir zum Beispiel einen Mann, der eine Reise antritt und seinem Nachbarn vorher einhundert ryo Gold anvertraut, die er nicht mittragen will. Dieser Mann erzählt sonst niemandem davon. Auf der Reise jedoch stirbt er an einer plötzlichen Erkrankung. Nun weiß niemand sonst von dem Gold. Doch der Nachbar informiert sofort aus Sympathie und Mitleid und ohne jeden bösen Hintergedanken die Verwandten, denen er alles Gold übergibt. Dieser Mensch hat wahrhaftig das Richtige getan.

Im zweiten Fall nehmen wir an, daß der Besitzer des Geldes nur ein paar Bekannte hatte und mit niemandem sonderlich vertraut war, so daß es überhaupt niemanden geben dürfte, der vom Gold wüßte oder danach auch nur fragen könnte. Wenn es nun dem Nachbarn wirtschaftlich nicht gerade gutginge, würde er das leicht als glücklichen Zufall ansehen können und sich nichts dabei denken, das Gold für sich zu behalten. Doch dann könnte eine plötzliche Scham in ihm aufsteigen, solch eine schmutzige Idee genährt zu haben, und er würde das Geld sofort zurückgeben. Das heißt, Richtiges aufgrund von Scham zu tun, die aus dem eigenen Geist entsteht.

Im dritten Fall weiß jemand im Haus von dem Geld, entweder ein Familienmitglied oder ein Hausdiener, und der Nachbar wäre besorgt, was diese Person von ihm denken oder über ihn in Zukunft sagen könnte. Darum gibt er das Gold zurück. Das heißt, Richtiges zu tun aufgrund von Scham, die mit anderen Menschen verbunden ist. Hier fragen wir uns wohl, was er täte, wenn ganz sicher niemand etwas vom Gold wüßte. Doch können wir diesen Mann schwerlich jemanden nennen, der Richtiges tut, obwohl er nicht weiß, was das ist.

Die Regel für die Übung richtigen Verhaltens lautet, daß wir zuerst Scham vor unserer Familie, unseren Dienern und unseren Freunden, dann vor der Verachtung unseres weiteren Umfeldes von Bekannten und Außenstehenden empfinden und darum Falsches meiden und Richtiges tun sollten. Das wird dann ganz natürlich zur Gewohnheit, und nach einer Weile werden wir die Haltung einnehmen, Richtiges zu bevorzugen und Falsches zu verachten.

Auf dem Weg, der Tapferkeit wird der, der mutig geboren wurde, sich nichts daraus machen, in die Schlacht zu ziehen und in ein heißes Feuer aus Pfeilen und Kugeln zu geraten. Der Loyalität und Pflichterfüllung ergeben, wird er seinen Körper zur Zielscheibe machen, voranpreschen und durch seine glänzende Tapferkeit ein unbeschreiblich vorbildliches Beispiel für alle Betrachter abgeben. Auf der anderen Seite mag es jemanden geben, dessen Knie zittern und dessen Herz stolpert, während er sich fragt, wie er sich in all der Gefahr angemessen verhalten soll; doch er hält durch, weil er sich schämt, daß er der einzige sein könnte, der unter den Augen seiner vorandrängenden Kameraden versagt, und weil er befürchtet, seinen Ruf in alle Zukunft zu verlieren. Auch wenn er dem tapfer Geborenen weit unterlegen sein dürfte, wird er sich nach einigen solchen Erfahrungen an diese gewöhnen, und schließlich wird sein Mut dadurch bekräftigt. Er wächst zu einem Krieger heran, der dem furchtlos Geborenen in keiner Weise unterlegen ist. Sowohl im Tun des Richtigen als auch im Schaffen von Mut gibt es keinen anderen Weg als ein Gefühl von Scham. Wenn Menschen behaupten, daß man Falsches tun könne und daß dies nichts ausmache, wenn sie beim Anblick eines Feiglings bloß lachen und sagen, daß dessen Mangel an Mut bedeutungslos sei – welche Mittel gibt es da noch, diese Menschen zu disziplinieren?

Doch statt Weisheit in den Schulen zu Lehren, häufen wir Wissen. Wissen ist schon Notwendig, doch was nützt es, wenn man es nicht mit Vernunft Kontrollieren kann. Weisheit lehrt Vernunft über sich Selbst.
Weisheit hat viele Facetten, eine davon kann es sein Wissen mit Weisheit zu führen.

Erkenne die Grenze eigener Weisheit
Man ist geneigt, angestrengt zu versuchen, jede Situation mit dem bißchen Weisheit, das man hat, zu beurteilen und so mit ihr klarzukommen. Das ge-

biert negative, egozentrische Gedanken gegen die Vorsehung und wandelt sich in Laster.
In den Augen eines Außenstehenden ist solche Weisheit schmutzig, kläglich, von enger Sichtweise und, nicht zuletzt, zu dumpf für spontanes Handeln. Wenn einem keine wichtige Idee in den Sinn kommt, sollte man besser einen Weisen um Rat fragen. Der Weise, den die Angelegenheit nicht selbst betrifft, kann uneigennützig und offen über den Fall urteilen. Ein solches Urteil, fest und überzeugend, beeindruckt Dritte und kann mit einem riesigen Baum verglichen werden, der von vielen starken Wurzeln genährt wird, während ein Urteil, das aus begrenzter Weisheit entsteht, einem einsamen Baum in der öden Leere eines weiten Feldes gleicht.

10. „Der Ursprung des Leidens ist der falsche Glaube an Beständigkeit und an die Existenz eines eigenständigen, abgetrennten Selbst." Buddha
Aus Abhängichkeit geht Ruhelosichkeit hervor.
Klammere(Hafte) dich an Nichts, sei Frei,
Unbeschwert und Gleichmütig.
Begegne allem Leben gleichermaßen mit selbstloser, bezugsloser Aufrichtigkeit.
„Der dem Leben(der Situation) weder ausweicht noch es zurückweist; er ermöglicht
stattdessen eine unmittelbare Begegnung mit dem Leiden als Mittel es zu Überwinden."

Buddha
Vollführe jedes Wort und jede Handlung Achtsam, im gegenwärtigen Moment,
vollkommener Gemütsruhe.
In unmittelbarer Berührung mit dem Leben, verstehen wir alle Wesen und uns Selbst in
liebender Reinheit(reiner Liebe).

Die Tugend der Konzentration

Priester Tannen erzählte mir: „Man wird normalerweise gelehrt, sich durch und durch von allen Ideen und Gedanken für die Erleuchtung freizumachen, ohne sie zu verstehen; die Tugend der Konzentration mit reinem Herzen steht mit der Tugend der Freiheit von allen Ideen und Gedanken in Verbindung." Das ist wahrhaft treffend formuliert. Fürst Sanenori zeigte mir, daß der Weg der Wahrheit sich selbst offenbart, wenn man ernsthaft seinen Geist wenigstens einen Atemzug lang frei vom Bösen hält. Die Ideen der beiden weisen auf ein und dasselbe hin. Leider können dies nur wenige Menschen schätzen. Um rein und einfach zu werden, muß man beharrlich üben.

Gleichmut:

Wann immer ihr jemanden das Dharma kritisieren oder verspotten hört, so reagiert darauf nicht mit einem Gefühl des Zorns, der Verärgerung oder Empörung. Solche Gefühle fügen nur euch selbst Schaden zu. Wann immer ihr jemanden mich oder das Dharma lobpreisen hört, so reagiert darauf nicht mit einem Gefühl des Glücks, der Freude oder Befriedigung. Auch das wird nur euch selbst schaden. Die rechte Haltung ist, die Kritik zu untersuchen, um zu sehen, was an ihr richtig und was falsch sein mag. Buddha

Wir dürfen nicht jedesmal, wenn wir auf Schwierigkeiten stoßen, entmutigt sein. Wir müssen in der Bedrängnis nach Lösungen suchen. Ananda, wenn wir uns in Gleichmut üben, werden uns weder Beleidigung noch Verleumdnungen etwas anhaben. Die Menschen, die uns verleumden, können uns nicht verletzen. Sie verletzen nur sich selbst. Wenn ein Mann den Himmel bespuckt, ist der Himmel nicht besudelt. Die Spucke fällt vielmehr in das Gesicht des Spuckenden zurück.
Buddha zum Bhikku Ananda

Neidische ältere Gefolgsmänner

Es gab einmal einen Neuling unter denen, die Fürst Naoshige nahestanden, der von diesem besonders bevorzugt wurde. Eines Tages kamen ältere Gefolgsmänner überein, um eine Audienz beim Fürsten zu bitten, und sagten: „Mein Fürst, es scheint, daß Ihr Euch besonders um den So-und-So kümmert, den wir weder auf dem Schlachtfeld sahen noch von seiner Nützlichkeit in diesen Tagen hörten. Könntet Ihr uns die Gründe dafür nennen, warum dieser Mann in Eurem Dienst steht und von Euch bevorzugt wird?"

„Ihr habt recht", erklärte der Fürst. „Dieser Mann ist zwar in Tagen des Kampfes nicht nützlich, aber ich habe Gefallen an ihm gefunden. Ich fühle mich beruhigt, wenn ich ihn für niedrige Arbeiten einsetze. Ich kann doch nicht erfahrene Gefolgsleute wie euch bitten, solch niedere Arbeiten zu verrichten; ich bin von euch in Zeiten des Krieges abhängig."

Glück im gegenwärtigen Moment verwirklichen

Das Glück geht vor! Ein Blick voller Verständnis, ein zustimmendes Lächeln, ein liebevolles Wort, ein gemeinsames Mahl in Herzlichkeit und Bewußtheit, das sind Dinge die im gegenwärtigen Moment Glück schaffen. Nährt ihr eure Bewußtheit für den gegenwärtigen Moment, so vermeidet ihr es, Leid für euch und für die, die um euch sind, zu schaffen. Wie ihr andere anschaut, sie anlächelt, euch um sie kümmert, das kann Glück schaffen. Wahres Glück hängt nicht von Wohlstand oder Ruhm ab.

Keine wertvolle Zeit mit eitlem Geschwätz zu vertun, noch mit zu viel Schlaf oder der Jagd nach Ruhm und Anerkennung; er riet ihnen, keinerlei Begierden hinter her zu jagen, keine Zeit mit Menschen von schlechtem Charakter zu verbringen und sich nicht mit einem nur oberflächlichen Verständnis der Lehre zufrieden zu geben.

Die Zeichen der Fünf Hemmnisse lauten: Gier und Begehren, Zorn und Haß, Trägheit und Lethargie, Ruhelosigkeit und Ängstlichkeit, Zweifel und Argwohn.
Aus dem Buch von Thich Nhat Hanh: Wie Siddhartha zum Buddha wurde

Die Gesellschaft ist voll von Bösem
Ein Gefolgsmann, der wohlhabend ist, hat einen Nachteil. Wer arm ist, ist dagegen frei von Anfeindungen. Ein Gefolgsmann kann nicht umhin, die Fehler anderer im Dienst zu bemerken. Solange er sich selbst jedoch nicht sagt, daß die Gesellschaft nun einmal voll von Bösem steckt, wird sein grimmiger Gesichtsausdruck die anderen nur davon abhalten, ihn zu akzeptieren. So kann er trotz eines guten Charakters nicht als vertrauenswürdiger Gefolgsmann dienen.

Gute Laune kehrt zurück
Ein gewisser Samurai, der adoptiert worden war, konnte nicht die Zuneigung seines Adoptivvaters gewinnen. Der Vater, nach Jahren voller Krankheit aufs äußerste gereizt, schlug den Sohn häufig, bis dieser es nicht mehr aushielt und das Haus verlassen wollte. Da kam seine Adoptivmutter bei mir vorbei und klagte weinend: „All das ist so ärgerlich. Bitte ermahnt den Vater, ungeachtet der eigenen Krankheit geduldiger mit dem Sohn zu sein.“ Als ich ihr

Ansinnen zuerst ablehnte, weinte sie noch mehr und bat mich noch inständiger um meine Hilfe, so daß ich schließlich einwilligte und sagte: „Statt den kranken Vater zu ermahnen, müssen wir den umgekehrten Weg gehen. Schickt den Sohn zu mir." So verließ sie mich, ohne von meiner Idee überzeugt zu sein. Als der Sohn kam, erzählte ich ihm: „Zuerst mußt du erkennen, daß es ein außerordentliches Glück darstellt, auf der Erde als Mensch geboren zu sein. Weiterhin hat sich dein langgehegter Wunsch erfüllt, Gefolgsmann dieses großen Lehnswesens zu werden, und nicht Bauer oder Händler. Man muß den Sternen danken, das Erbe des väterlichen Clans antreten zu dürfen. Du bist sogar als jüngster Sohn zur Welt gekommen und der Herr über eine andere Familie. Wenn du alles aufgäbest und ein Laiensamurai ohne Clan würdest, wärest du deinem Fürsten gegenüber untreu. Wenn dich dein Adoptivvater wegen deines Benehmens ablehnen muß, bist du wirklich respektlos ihm gegenüber. Wer seinem Fürsten und seiner Familie den Rücken zukehrt, findet in dieser weiten Welt keinen Platz mehr zum Leben. Geh nach Hause und denke darüber nach. Loyalität und Sohnespflicht bringen dir die Liebe deines Vaters. Hilf ihm, seine gute Laune wiederzufinden. Bete vom Grunde deines Herzens zu deinem Schutzpatron: „Mögen mein Aussehen und alle anderen Dinge ihm gefallen!" Das geschieht nicht um deinetwillen, sondern aus Loyalität und Sohnespflicht. So werden deine inständigen Wünsche sich ins Bewußtsein deines Vaters übertragen. Kehre heim, und du wirst deinen Vater bei Laune finden. Dies ist der mystische Weg jener Dinge, die Himmel, Erde und Menschen übersteigen. Weil dein Vater all die Zeit krank war, könnte sein Ende nahe sein. Deine Sohnespflicht kannst du ihm dann nicht mehr lange erweisen; sie sollte dir daher leichtfallen, selbst wenn du dafür auf Händen gehen müßtest."

Der junge Mann war zu Tränen gerührt. „Deine Lektion ist auf den Grund meines Bewußtseins vorgedrungen", sprach er und ging heim. Später hörte ich, daß sein Adoptivvater nach einem kurzen Blick auf ihn äußerte: „Dank einer Ermahnung an dich hat sich dein Verhalten verbessert." So kehrte seine gute Stimmung zurück. Welch ein Wunder! Es liegt jenseits der menschlichen Vernunft.

Der Sohn besuchte mich später einmal und dankte mir: „Aufgrund deiner überlegten Zurechtweisung wurden meine Loyalität und Sohnespflicht gerettet."

Wenn jemand für den wirklichen Weg des Lebens betet, werden seine Wünsche sicher wahr werden. Seine Gebete können Himmel und Erde bewegen. Betet jemand verzweifelt und vergießt blutige Tränen, werden seine Gebete erhört und von seinem Schutzengel erfüllt. Das glaube ich.

Sei Untergebenen gegenüber aufmerksam
Ein Samurai in hoher Stellung, zum Beispiel Gruppenkommandeur, sollte seinen Männern gegenüber freundlich sein. Nakano Kazuma Toshiaki, der einen hohen Posten innehatte, verschwendete keine Zeit und nahm seine Untergebenen normalerweise nicht in Anspruch. Wenn jedoch einer seiner Untergebenen krank zu Bette lag oder wegen persönlicher Probleme fehlte, besuchte ihn Kazuma täglich auf seinem Nachhauseweg, um sich nach seinem Befinden zu erkundigen. Das brachte Kazuma den Respekt und die Bewunderung seiner ganzen Truppe ein.

Keine Abhängigkeit vom Staub
Zengetsu, ein chinesischer Meister der T´ang-Dynastie, schrieb folgenden Rat für seine Schüler auf:

In der Welt leben, aber nicht abhängig sein vom Staub der Welt, das ist der Weg eines wahren Zen-Schülers.
Wenn du Zeuge der guten Tat eines anderen bist, so ermuntere dich selbst, seinem Beispiel zu folgen.
Wenn du von der schlechten Tat eines anderen hörst, so rate dir selbst ihm nicht nach zu eifern.
Selbst wenn du allein in einem dunklen Raum bist, so verhalte dich nicht anders, als befändest du dich vor den Augen eines hohen Gastes. Drücke deine Gefühle aus, aber drücke nicht mehr aus, als deiner wahren Natur entspricht.

Armut ist dein Schatz. Tausche sie niemals gegen ein leichtes Leben ein.

Ein Mensch kann wie ein Dummkopf erscheinen, aber keiner sein. Vielleicht beschützt er nur sorgfältig seine Weisheit.

Tugenden sind die Frucht der Selbstdisziplin und fallen nicht von selbst vom Himmel wie Regen oder Schnee.

Bescheidenheit ist die Grundlage aller Tugenden.

Laß dich von deinen Nachbarn entdecken, bevor du dich ihnen selbst bekanntmachst. Ein edles Herz drängt sich niemals vor. Seine Worte sind selten wie Edelsteine, nicht oft gezeigt und von großem Wert.

Für einen ernsthaften Schüler ist jeder Tag ein Glückstag. Die Zeit vergeht, aber er bleibt niemals hinter ihr zurück. Weder Ruhm noch Schande können ihn bewegen.

Tadle, dich selbst, aber nie einen anderen. Diskutiere nicht über richtig oder falsch. Manche Dinge werden, obwohl sie richtig sind, Generationen lang für falsch gehalten. Da der Wert der Rechtschaffenheit nach Jahrhunderten anerkannt werden mag, besteht keine Notwendigkeit, sich nach augenblicklicher Anerkennung zu suchen.

Lebe mit Sinn und überlasse dem großen Gesetz des Universums die Ergebnisse. Verbringe jeden Tag in friedvoller Versenkung.

Mach dir nichts aus Verlust

Das Haus eines Samurai wurde von einem anderen begehrt. Der Clan ordnete an, daß er es für diesen räumen müsse. Während er nach einer neuen Bleibe suchte, erzählte ihm der andere, daß er dessen Haus nun doch nicht mehr bräuchte. Da beschwerte sich der erste wütend, woraufhin sich der andere entschuldigte und zum Ausgleich für die Umstände Geld anbot.

Diese Geschichte ist jedoch lachhaft. Im allgemeinen fühlt sich jemand in einer solchen Situation hinters Licht geführt, doch er irrt. Denn der Ärger entstammt finanziellen Interessen. Das Herz jenes Samurai war beschmutzt. Er besaß die Frechheit, unflätige Worte in Gegenwart der Clan-Älteren zu gebrauchen. Außerdem schwächte das Geld, das er annahm, jedes seiner Argumente und behinderte ihn auch für die Zukunft. Rechtsstreit, Beschwerden und Unzufriedenheit basieren stets auf finanziellen Dingen. Wenn es jemandem nichts ausmacht, Geld zu verlieren, gibt es keinen Grund für eine Konfrontation. Solch ein Verlust ist nicht unehrenhaft. Ein Mann von geringer Weisheit kann das nicht erkennen.

Ein tapferer Gefolgsmann, der zum Räuber wurde

Der verarmte Saito Yonosuke hatte eines Tages kein Geld mehr für Reis, worüber seine Frau lamenierte. Als er ihre Sorge vernahm, verließ Yonosuke das Haus mit den Schwertern in der Hand und sagte: „Obwohl du eine Frau bist, hast du einen beschränkten Geist, weil du dein Herz über einer Kleinigkeit wie dem Wunsch nach Reis verlierst. Es gibt überall Reis für uns. Warte nur ein Weilchen." Dann sah er Bauern mit etwa zehn Pferden auf der Straße, die Reis auf ihrem Rücken transportierten.

Yonosuke fragte, wohin die Bauern gingen, und sie antworteten, sie seien auf dem Wege zu der Messe in der Burg. „In diesem Fall", sagte Yonosuke, „bringt alles hier entlang und laßt es in meinem Haus. Ich, Saito Yonosuke, brauche Reis für die Beamten. Hierher und dorthin mit dieser schweren Ladung Reis zu gehen, muß sehr mühsam für euch sein. Laßt den Reis bei mir und zeigt dem Dorfvorsteher dafür meinen Beleg."

Seine Worte konnten die Bauern nicht überzeugen, und sie gingen davon. Wütend zog Yonosuke sein Schwert und hieß sie, anzuhalten. So gezwungen, mußten die Bauern den Reis in sein Haus tragen und mit seinem Beleg nach Hause zurückkehren. Yonosuke zeigte den Reis seiner Frau und prahlte: „Hier sind Mengen von Reis. Nimm, soviel du willst."

Dieser Vorfall wurde bald bekannt, und Yonosuke erzählte ihn so, wie er war, den Untersuchenden. Er wurde für schuldig befunden und zum Tode verurteilt. Fürst Katsushige befahl einem Gehilfen wie

üblich, seinem pensionierten Vater, Fürst Naoshige, die Beweise für Yonosukes Schuld mitzuteilen.
Bei dieser Nachricht wandte sich der pensionierte Fürst – ohne ein Wort an den Gehilfen – an seine Frau: „Du hast gerade gehört, daß Yonosuke hingerichtet werden soll. Wie bedauerlich! Er war einer unter wenigen, der in blutigen Schlachten unter Einsatz seines Lebens, das mehr wert war als Japan und ganz China zusammen, und bei verschiedenen Gelegenheiten in entschlossener Verteidigung in der Provinz von Zizen kämpfte. Er war einer der wenigen, deren überlegener Dienst unser bequemes, friedliches Leben als Fürst und dessen Gemahlin ermöglichte. Yonosuke ist ein Mann von unvergleichlicher Tapferkeit, der sich mehrfach auf dem Schlachtfeld ausgezeichnet hat. Ich habe ihn in dieses elende Leben getrieben, in dem er nichts zu essen hatte. Wie könnte ich je am Leben bleiben, wenn ein solcher Gefolgsmann getötet wird!"
Das Paar jammerte über Yonosukes Schicksal, mit Tränen des Grolls in den Augen. Völlig überrascht zog sich der Gehilfe hastig zurück und informierte Fürst Katsushige über Fürst Naoshiges Gram, so wie er ihn erlebt hatte.
„Wie gütig sie sind!" sagte der beeindruckte Fürst Katsushige. „Ich habe ja schon lange einen Weg gesucht, meine Sohnesschuld zu begleichen, wie könnte ich da Yonosuke töten lassen und dadurch meine Eltern quälen, die so viel von ihm halten? Eile

und sage ihnen, daß er begnadigt wird.“ Als Fürst Naoshige dies hörte, faltete er seine Hände zum Gebet und verbeugte sich vor der Hauptzitadelle: „Er ist mein eigener Sohn, und ich bin ihm so dankbar für seine Rücksichtnahme. Nichts macht mir mehr Freude als diese Nachricht.“

Am Morgen, bevor du dich ankleidest, entzünde Räucherwerk und meditiere.
Gehe zeitig zu Bett. Nimm deine Mahlzeiten in regelmäßigen Abständen ein. Iß mit Maß und niemals bis zur Sättigung. Empfange einen Gast mit demselben Verhalten, das du pflegst, wenn du allein bist. Wenn du allein bist, so verhalte dich in derselben Weise, wie wenn du Gäste empfängst. Gib acht, was du sagst, und lebe nach dem, was du sagst.
Wenn sich eine günstige Gelegenheit bietet, so laß sie nicht vorbeigehen, doch sollst du immer gründlich nachdenken, bevor du etwas tust. Bedauere nicht die Vergangenheit. Schaue in die Zukunft.
Habe die furchtlose Haltung eines Helden und das liebende Herz eines Kindes.
Was das Zubettgehen betrifft, so schlafe, als schliefest du deinen letzten Schlaf. Was das Erwachen betrifft, so verlasse dein Bett so unverzüglich, als würdest du ein paar alter Schuhe wegwerfen.
Soyen Shaku
Koan?

Laune

Ein Zen-Schüler kam zu Bankei und klagte:
„Meister, ich habe eine unbeherrschte Laune.
Wie kann ich sie heilen?
„Du hast etwas sehr Seltsames," erwiederte Bankei.
„Laß mich sehen, was du hast."
„Ich kann sie Euch jetzt nicht zeigen," sagte der andere.
„Wann kannst du sie mir zeigen?" fragte Bankei.
„Sie kommt ganz unerwartet," antwortete der Schüler.
„Dann," folgerte Bankei, „kann sie nicht deine eigene wahre Natur sein.
Wäre es so, dann könntest du sie mir jederzeit zeigen.
Als du geboren wurdest, hattest du sie nicht, und deine Eltern gaben sie dir nicht.
Denke darüber nach."

Töten

Gasan belehrte eines Tages seine Anhänger:
„Die jenigen, die gegen das Töten sprechen und wünschen, daß das Leben aller Lebewesen geschont wird, haben recht.
Es ist gut, selbst Tiere und Insekten zu schützen.
Aber was ist mit denen, welche die Zeit totschlagen, was mit denen, die Reichtümer zerstören, und mit denen, welche die nationale Wirtschaft ruinieren?

Die sollten wir nicht übersehen.
Und was ist mit dem, der ohne Erleuchtung predigt?
Er tötet den Buddhismus.

Ein Millimeter Zeit, ein Zentimeter Kostbarkeit
Ein hoher Herr bat Takuan, einen Zen-Lehrer, ihm zu raten, wie er die Zeit verbringen könne.
Die Tage wurden ihm sehr lang, wenn er sein Büro beaufsichtigte und steif herum saß, um die Huldigung der anderen entgegen zunehmen.
Takuan schrieb acht chinesische Schriftzeichen auf und gab sie dem Mann.

Nicht zweimal an diesem Tag
ein Millimeter Zeit, ein Zentimeter Kostbarkeit.
Dieser Tag wird nicht wiederkehren.
Jede Minute ist eine unbezahlbare Kostbarkeit wert.

Aus dem Buch von Paul Reps: Ohne Worte-Ohne Schweigen

Die Zarte Anmut eines Tages, der vergangen,
wird niemals wieder zu mir zurück gelangen.

Kapitel 3

Dichtung

Die Dichtung wieder spiegelt die Wahrnähmung des Betrachters und findet in seinen Worten anklang. So gibt der Dichter sein Wesen in der Dichtung preis. Seine ganze Persönliche Weißheit fließt in die Dichtkunst. Unser Glücklichsein hat seinen Ursprung in der Wahrnähmung von Etwas.
Zum Ausdruck gebrachte angewante Wahrnähmung, ermöglicht uns einen Einblick in die Anschauung anderer. Die Wirklichkeit eines jemanden individuell zu beobachten, und ihren Geschmack nachzuvollziehen, kann eine Wertvolle Erfahrung sein.
Ob Euer Verstehen jedoch ausreichend ist, um in die Tiefen vorzudringen, oder mein eigenes Weitreichend genug ist, lege ich in die Betrachtung anderer Großer Wesen.
Nun kostet das Leben im Augenblick!

Dichtung wird gewöhnlich definiert als die Kunst, etwas in klangvollen Worten auszudrücken, bei der Schöpfungen des Gefühls, der Phantasie und der Einbildung entstehen. Wird diese Definition im strengen Sinne genommen, so müsste man sagen, daß es in Japan keine Dichtung gibt. Jede Sprache hat eigene Klangformen, durch die Ihalte bestimmt werden. Wenn unsere Ohren aufnahmefähiger währen, könnten wir vielleicht sogar den Klang der Sphärenmusik hören. Wenn man es so auffaßt, ist Dichtung nicht eine Kunst im Sinne eines Willensaktes des Menschen. In diesem Akt des Singens aus

dichterischer Inspiration spielt der Wille eine so geringe Rolle, daß man den Akt weniger als gewollt, sondern als naturhaft bezeichnen muß. Während die deutsche Dichtung einen stark epischen Charakter hat, betont die japanische Dichtung den lyrischen Charakter.
Dichtung ist eine Weise, in der der Japaner sein Fühlen und Sehnen in Worte faßt. Sie bildet ein „Guckloch", durch das man einen Schimmer der japanischen Seele erhaschen kann.
Auszug aus dem Buch von Toshimitsu Hasumi: Zen in der Kunst des Dichtens

Nanigoto no
owashimasu wo ba
shiranedomo
katajikenasa ni
namida koboruru.

Vermag ich auch nicht zu erkennen,
was das Erhabene ist, das hier seine Behausung hat,
so rinnen mir doch vor Ehrfurcht die Tränen hernieder.

Berühmtes Gedicht, des buddhistischen Wandermönchs und Dichters
Saigio(1118-1190) anläßlich eines Besuches in Ise verfaßt

Kokoro dani
makoto no michi ni
kanainaba
inorazu totemo
kami ya mamoramu

Wenn nur das Herz
Der Wahrheit Pfad und Norm
Gemäß sich hält,
So braucht ihr nicht zu beten,
Die Götter schützen dennoch.
Sugawara no Michizane

Liebe, ungreifbare Sehnsucht

Das schönste Blumenmeer ist selbst Leer,
wenn du nicht darin blühst.
Denn die schönste Blume bist nur du,
und mein Herz nimmt keine ruh,
Verliebt war ich in dich im nuh.
Wie ein Großblütriger Enzian in einer Wüste,
so bist du die blühende Verzauberung meines Herzens.
Liebevoll, Sorgsam und Wunderschönst,
bist du das Liebenswürdigste Geschöpf auf Erden.
Wie eine Kirschblüte die ewiglich erblüht,
wirst du niemals in meinem Herzen welken.

Regen fällt,
die Zeit steht still in Traurigkeit.
Versunkenes Herz, hälst du mich in Dunkelheit, ge-
fangen.
Liegst in Einsamkeit begraben,
willst aus dem Schlund gelangen.
Traum Geäst am Lebensbaum,
verschlingst mich in Leeren Raum.
Geist, hauch im Nacken,
hinfort!
Geliebter Ort,
Schönste Blume sind deine Wurzeln,
nicht in dieser Welt.

Kurogane

Jetzt im Regenguss:
Die erste Mädchenliebe-
wie weggewaschen.

Shigeru Ekuni

Haben meines Liebeskummers Tränen
Etwas gemeinsam
Mit der traurigen Stimmung des Herbstes?
Die Luft wird feucht
Wie mein Ärmel von Tränen.

Unbekannter Dichter

Grüne Ebene, weite Fern,
Versunken im Himmelszelt verblasen die Berge.

Wünscht ich,
wie die Wolken am Himmelsgewölbe dahin zu ziehen,
mich in der Klarheit,
des unendlichen Horizonts,
in den herrlich, warmen strahlen der Sonne aufzulösen.

Selbst Vergessen;
in allem Leben;
Frei und Unbeständig.

Kurogane

Was so duftig blühet,
muß doch bald vergehen.
Was kann in dieser Welt
beständig sein?
Hinter dem letzten Berg
dieser Welt
Gibt es keinen flüchtigen
Traum noch Rausch.

Diese Scheinwelt
ist unbeständig,
Dieses Leben die Vorstufe
zum Nichts.
Wo es gänzlich aufhört,
beginnt vollkommene Ruhe,
Die allein das echte
Glück gewährt.

Kobo Daishi(gest.835)
(Alle 47 Silben des Silbensystems fanden verwendung,
ohne auch nur eine zu wiederholen)

Waldspaziergang

Dem Wege entlang,
der Duft der Tannen und Vogelgesang.
Wie warm die Erde vom Moose bedeckt,
gebettet im Walde,
vom Summen der Gelse geweckt.
Im rauschen der Blätter, knackende Äste
im Winde sich biegender, tanzender Bäume.
Scheucht die Gelse mich fort.

Kurogane
Oh Wind,
die Blätter, der Bäume, des Waldes,

lässt du gleichermaßen tanzen,
wie die Wellen am Meere,
und das Windspiel erklingd,
im Moment deiner sanften Böhe.

Kurogane

Schmale Äste schwanken,
im Getümmel frommer Vöglein.
Da schaukelt der Spatz,
in seiner Baumwippe.
Kurogane

Herbstvögel
Wechseln ihren Zweig
In langer Nacht.
Buson

Zwischen gebrochenen Wolken
Scheint der Mond
In tiefer Ruhe.
Basho

Im Herbstmond
Leuchtet meine Seele
In Ruhe mit der Natur.
Unbekannter Dichter

Neben dem zunehmenden Mond
Leuchtet ein kleiner Stern
In leisem Glanz.
Sodo

Aus den Tröpfchen
Scheint das Mondlicht
Am Rande des Blattes.
Unbekannter Dichter

In mein Zimmer
Fällt der Schatten der Kiefer
In einer Vollmondnacht.
Kikaku

Ich wohne am einsamen Ort,
Wo mich niemand besucht.
Doch in tiefer Nacht
Besucht der klare Mondschein
Meine Hütte.
Fujiwara no Toshinari

Dichtung kündet uns sowohl den tiefen Klang der poetischen Schöpfung als auch die Tiefe der seelischen Haltung des Künstlers. Toshimitsu Hasumi

In Liebe Rotkelchen

War es nicht der Hunger,

gebietete der Instinkt meiner Katze das junge Rotkelchen zu fangen.
Dem lieblichen Vogel ein Flügel abgebissen,
entwendete ich ihn, aus den Fängen des Spiels der Natur.
Das jüngliche Vogelherz konnte sich seines kurzen Seins,
kaum des Fliegens erfreuen,
war der Traum bereits dahin.
Seiner Natur und Wesen nicht mehr folgen könnend,
sollte ich sein glückloses Leben beenden.
Der Schmerz der Trauer war Mitgefühl,
als solches ich glaubte mein Eigenes Herz in Händen zu halten
und Töten zu müssen.
Seine Augen waren der Spiegel seiner unschuldigen Seele
und so das Kelchlein,
wie der Uhrgrund der Meinen.
Reine Liebe durchtrennte den Faden des Lebens
als ob mein Eigener reißen würde,
ertranken mich die Tränen.
Begraben aber niemals Vergessen sollst du werden,
Rotkelchen fliegst du doch in meinem Herzen im Wald umher.

Ich will meine Katze nicht schelten,
Grausamkeit kennt nur der Mensch.
Einfach für so manchen,
ist es für mich, der die Tiere so Liebt eine große Last gewesen.

Dort wo Träume beginnen,
durchgleitest du sanft wasserloses Himmelsblau.
Wind streichelt deine Flügel,
in kalter, klarer Luft,
perlt von ihnen der Morgentau.
Jenseits dieser Welt,
breitest deine Flügel aus,
erhebst dich über Endlose Weite hinaus.
Im Schatten der Wolken färbt sich der Himmel rot,
im Reich der Sonne ereilte dich der tot.
Wiedergeboren wollst mich leiten,
als alter Freund begleiten.

Kurogane

Aufblühen, und nochmals aufblühen!
Doch verblühen
Die Mohnblumen
Shiki

Im dichten Nebel
Blasse Sonnenstrahlen
Tief in den Bergen.
Von fern höre ich die Stimme
Des einsamen Hirsches.
Mönch Saigyo

Die Sonne
versinkt in einem
Feld aus gelben Blumen!

Natsume Soseki

Sommerweideland-
Von des Soldaten Träumen
Bleibt nur dies zurück.

Matsuo Basho

Der Herbst sieht die Pflanzen vergehen,
wilde Schönheiten gemeinsam verwehen;
alles wird nur kalt wie die Pein,
ich wende mich ab und begebe mich heim.

Siao Min

Tausend Wolken inmitten ungezählter Bäche
Und dazwischen ein Mensch voll Ruhe.
Bei Tage streift er durch die dunkelgrünen Hügel,
Des Nachts schläft er stehts unterhalb der Klippen.
Sanft gehen die Jahreszeiten an ihm vorüber,
Gelassen, rein, ohne irdische Bande.
Welche Freude!- Und worauf beruhen sie?
Auf stiller Ruhe, herbstlichem Flusswasser gleich.

Hanshan

Nein, nicht in diesem See inmitten der Felsen
Noch an dieser weithin schäumenden Küste
Oder in diesem perfekten Wald voll von Frucht
Betrachte ich mich selbst und denke nach.

Hier, in diesem Raum eines Hauses,
Hier, zwischen Wänden ohne Landschaft,
Hier entdecke ich romantische Gefühle- eine Seite
Von mir, die ich bisher nicht kannte-und ergreife die Flucht.

Es ist in uns, dass es all die Seen und Wälder gibt,
Wenn wir klar erkennen, was wir sind,
Und nicht, weil die Wogen hereinbrechen mögen
Über die grünen ausdruckslosen Ufer(...)

Fernando Pessoa

Klarer Himmel über mir,
Weites Land unter mir.
Auf festen Boden,
so geh ich durchs Leben.

Kurogane

Freude ist wie Nebel,
durchsichtig, in sich auflösend,
kommt und geht sie.
So suche ich Erleuchtung.

Kurogane

Das Fischermädchen

Steht auf sand`gem Dünenrücken
Eine Fischerhütt am Strand;
Abendrot und Netze schmücken
Wunderlich die Giebelwand.

Drinnen spinnt und schnurrt das Rädchen,
Blaß der Mond ins Fenster scheint,
Still am Herd das Fischermädchen
Denkt des letzten Sturms und- weint.

Und es klagen ihre Tränen:
„Weit der Himmel, tief die See,
Doch noch weiter geht mein Sehnen,
Und noch tiefer ist mein Weh.“

Theodor Fontane

Kapitel 4

Aufmerksamkeit

Denn wer wäre imstande, von der Fülle der Kindheit würdig zu sprechen!
Goethe, Dichtung und Wahrheit, Erster Teil

Felix war in den Garten gesprungen, Wilhelm folgte ihm mit Entzücken, der schönste Morgen zeigte jeden Gegenstand mit neuen Reizen, und Wilhelm genoß den heitersten Augenblick. Felix war neu in der freien und herrlichen Welt, und sein Vater nicht viel bekannter mit den Gegenständen, nach denen der Kleine wiederholt und unermüdet fragte. Sie gesellten sich endlich zum Gärtner, der die Namen und den Gebrauch mancher Pflanzen hererzählen mußte; Wilhelm sah die Natur durch ein neues Organ, und die Neugierde, die Wißbegierde des Kindes ließen ihn erst fühlen, welch ein schwaches Interesse er an den Dingen außer sich genommen hatte, wie wenig er kannte und wußte. An diesem Tage, dem vergnügtesten seines Lebens, schien auch seine eigne Bildung erst anzufangen: er fühlte die Notwendigkeit, sich zu belehren, indem er zu lehren aufgefordert ward.
Goethe, Wilhelm Meisters Lehrjahre, Achtes Buch

Offenes Herz
Offene Wahrnähmung erfreut sich einer viel größeren Vielschichtigkeit des Lebens. Kinder die doch noch am Anfang ihrer Erfahrungen stehen, deren

Blick von weitaus weniger Überzeugungen geprägt ist, sehen die Dinge meist viel Klarer.
In der Offenheit jedoch, liegt die Verletzlichkeit inbegriffen weshalb wir sie mit Weißheit führen.

Warum Disziplin?
Disziplin hemmt die Trägheit und bestärkt im Handeln. Sie ist unablässig um sein Ego zu überwinden. Den Faulheit wird nicht zur Zufriedenheit beitragen, worauf wir sie überwinden mögen. „Ohne Fleiß kein Preis“, heißt es im Sprichwort.
Wobei Disziplin nicht in Steifheit ausarten soll, bemühen wir uns stehts sie mit Offenheit zu führen.

Warum Rechtschaffenheit?
„Nur derjenige der sich zunächst selbst betrogen hat, vermag es andere zu betrügen.“
Martin Luther King Jr.
Eine machtvolle, eine unermessliche Gesetzmäßigkeit liegt darin, dass man das Menschsein eines anderen nicht in Abrede stellen kann, ohne es bei sich selbst zu mindern. Im Angesicht seines Opfers erblickt man sich selbst. James Baldwin

Sein Leben zum Wohle Aller zu führen, heißt in meinem Sinne, Rechtschaffenheit vor Buddha und Gott abzulegen.

Wir Leben in Wechselseitiger Abhängichkeit, worauf wir unser Ego überwinden mögen um Rechtschaffene Menschen zu sein.

Ego

Es liegt mir Fern, aus eigennütziger Zwietracht zu schreiben. Weder dürstet es mich nach einem Gefühl der Selbstzufriedenheit, noch nach Darlegung meiner Sicht der Dinge. In der Überzeugung jedoch an den Glauben des Sinns, der sich als Prüfung im Leben offenbart, handle ich meiner Eingebung gemäß und tue was man von mir verlangt.
Mitgefühl um ein Gefühl von Selbstzufriedenheit in sich zu erlangen, von dem man sich eine gewisse Art der Befriedigung erhofft, ist dem Ego entsprungenes Mitgefühl.
Freundlichkeit die lediglich dazu Dient, selbst freundlich behandelt zu werden und nur darum zur Ausführung gelang, ist von eigennütziger Zwietracht hervorgerufene Freundlichkeit und somit Ego.
Freundlichkeit die in „Bezug“ steht, um Prestige oder Zuneigung zu erlangen, ist höchst bedauernswerte Freundlichkeit die als Ego gilt.
Selbstgefälliges Lachen das in Arroganz, Stolz oder Selbstzufriedenheit seinen Grund findet, ist ebenfalls Ego.
Liebe die nur dazu dient, um selbst geliebt zu werden und nur darum gegeben wird, um selbst etwas zu erhalten ist mit Abstand das Schändlichste.

Das Ego wird oftmals nicht als solches erkannt. Zumeist folgen wir sogar blind seinen Anweisungen. Der starke Individuell gestaltete Geist, der sich stets als Ich betrachtet und bestätigt, sieht nur sich. Will daher ständig als Ich Anerkennung erfahren. Wie ich schon sagte, sind wir jedoch wir und nicht als Individuum gebunden.

Ehre/Stolz

Ist der „Wert“ den man sich Selbst beimisst und in Anspruch nimmt. Selbstwertgefühl das sich jedoch von den Worten anderer Erschüttern lässt, zeugt von Schwäche. Der, der sich durch beleidigende Worte anderer in seiner Ehre befleckt fühlt, täuscht sich damit selbst.

Den wenn ein Jemand unehrenhaft Handelt, wird er sich dessen ohnehin Bewusst sein. Das er dann nicht Wahrlich Stolz auf sich sein wird erübrigt sich damit. Wenn sich ein Jemand aber dessen nicht einmal gewahr ist, das sein Handeln unehrenhaft ist, treffen die Beleidigenden Worte, die ein Solcher erntet, den „Nagel auf den Kopf“ und sind im Grunde nicht Beleidigend, sondern beschreiben dann lediglich das Geschehen. Wird hingegen eine Beschimpfung getan, wo sie nicht angebracht ist, hat eine Solche keinen Stellenwert und kein Recht auf Geltung. Kann man sie eben so Gut ignorieren.

Ein Jeder kann selbst Entscheiden wie Leichtgläubig oder Scharfsinnig er die Dinge hinterfragt.

Ein Jeder kann selbst Entscheiden ob er Lügen glauben schenkt, oder die Wahrheit selbst sucht.

Auszug aus dem Buch von Inazo Nitobe: Bushido Die Seele Japans

Da wir kein bestimmtes Gesetz gegen falsches Zeugnis hatten, wurde die Lüge nicht als Sünde verdammt, sondern einfach als Feigheit bezeichnet, und als solche war sie höchst ehrlos. In der Tat scheint mir das Schamgefühl das erste Zeichen sittlichen Bewusstseins gewesen zu sein, und allen erfinderischen Schneiderkünsten der Menschheit ist es noch nicht gelungen eine Schürze zu nähen, die unser Schamgefühl verhüllt.

Die Schande ist wie eine Narbe am Baum, die die Zeit nicht verwischt, sondern vergrößert.

Das volkstümliche Sprichwort sagt: „Das zu ertragen, was man nicht ertragen zu können glaubt, heißt wirklich ertragen".Sich durch den geringsten Anlass reizen zu lassen galt als lächerlich.

„Ihr Sorgen, Schmerzen, häuft euch nur
auf meinen schon beschwerten Rücken!
Dann kann ich sagen: Ich erfuhr
die Lasten alle, deren Drücken
mich lehrt der eigenen Kräfte Maß."

Trage und begegne allen Widrigkeiten und allen Feindseligkeiten mit Geduld und reinem Gewissen. Denn Menzius lehrte: Wenn der Himmel jemandem ein großes Amt verleihen will, so stärkt er sein Gemüt durch Leiden und seine Knochen durch Arbeit. Er setzt seinen Körper dem Hunger aus und unterwirft ihn der größten Armut. Er macht alle seine Unternehmungen zu nichte. So spornt er sein Gemüt an, härtet seine Natur ab und mindert seine Unzulänglichkeit.

Thomas Brown: „Es ist wahrhaft tapfer den Tod zu verachten, aber wenn das Leben schrecklicher ist als der Tod, ist es die größte Tapferkeit, am Leben zu bleiben."

Die drei Prinzipien des Gefolgsdienstes

Die tiefe Grundlage des Gefolgsdienstes eines Samurai ist im allgemeinen, sein Leben dem Fürsten anzubieten. Der Samurai muß zuerst in sich selbst Weisheit, Güte und Tapferkeit pflegen. Für einen Laien mag es unmöglich erscheinen, diese drei Tugenden gemeinsam zu besitzen, doch es ist leicht. Weisheit, unermeßlich reiche Weisheit, kann erlangt werden, indem man andere um um Rat fragt; Güte entsteht aus der Arbeit zum Wohle anderer, indem man mehr an andere als an sich selbst denkt; Tapferkeit heißt, die Zähne zu blecken und mißliche Lagen unter den Füßen zu zermalmen, ohne klug über die Konsequenzen nachzudenken. Ich kenne keinen besseren Rat als diesen.

Die wichtigen Punkte in den Augen anderer sind die Erscheinung, die Art zu sprechen und die Handschrift – tägliche Angelegenheiten, die durch tägliche Übung verfeinert werden können. Allgemein gesprochen, bemühe dich ruhig und tatkräftig zu sein. Nachdem du solche Eigenschaften erlangt hast, studiere die Geschichte des Clans und seine Traditionen und danach zum Zeitvertreib einige seiner Errungenschaften.

Alles in allem ist der Gefolgsdienst nicht schwierig; wer als nur ein bißchen nützlich angesehen werden will, denkt nur an diese drei Prinzipien.

Unwissenheit

Menschen wählen Unwissenheit als Form der Bequemlichkeit für sich. Denn Unwissend zu sein ist Einfach. Der der Verständnis und die daraus hervor gehende höfliche Diskretion nicht beachtet, sondern insofern nur sich selbst betrachtet, macht es sich verflucht Einfach. Dinge nicht zu Verstehen, bedeutet sie nicht zu beachten, wobei dies natürlich Einfach ist. Die Mühen der nächsten Liebe, nicht auf sich zu nähmen ist Einfach.

Weil es schwer fällt Etwas zu meistern und die Möglichkeit des Scheiterns besteht, verschließt man sich vor dessen Einfach. Weil es nicht leicht ist die Wahrheit zu Ertragen, versteckt man sich lieber hinter einer Lüge. Ein Abschirmen von der Wahrheit, verbirgt die Verletzlichkeit und unterdrückt das offene Verständnis einer Sache.

Bewirkt somit ein gewolltes, bewusstes oder unbe-

wusstes nicht Verstehen(nicht Beachten). Nicht Verstehen heißt, nicht zu kennen und bedeutet ebenso Unwissenheit. Gewollte Unkenntnis zeugt von schwacher Selbstkenntnis.
Bereitwillige Offenheit gegenüber allem und jedem, ist freudvoll und schmerzhaft zugleich. Den nicht immer ist alles was ins Leben tritt willkommen. Vielerlei Übel haust in der Welt und breitet seine Wurzeln aus. Doch diesem nicht zu begegnen, würde bedeuten es zu ignorieren, wobei das Unkraut den ungestört wuchern könnte.

Ich bin es Leid der Welt ins Anklitz zu blicken. Die Krankheit die sich Egoismus nennt, lässt die Menschen glauben, das ihr Glücklichsein unabhängig von ihren Mitgeschöpfen zu Stande kommen könnte. Diese Fixiertheit auf sich Selbst, als unabhängiges Individuum ist Gift.

Ich wähle den Buddhismus als Weg Gefährte, weil ich meine Überzeugungen ganz Bewusst auf ihn stützen will. Jeder Glaube ist immer nur so lange Glaube, bis er sich als Wahrheit, oder Lüge entpuppt. Wobei! Die Wahrheit auch Unwahrheit zugleich sein kann, ist es doch der Glaube der sie Bekräftigt. Letzten Endes geht alles aus Glauben hervor und ist zugleich Glaube.
Der Ursprung?

Vielerlei Dinge vermag man mit dem Verstand zu erfassen, was aber nicht bedeutet sie wirklich zu Verstehen. Vernunft und Verstand sind schließlich auch nur Dinge, die Zeiten ihres Daseins im Lebens Zyklus heran geschliffen und geformt wurden. Ihr Ursprung zeugt von keinerlei Wissen und Urteil das wir uns seit Anbeginn unseres Lebens gebildet haben.
Jedes Urteilen ist wie Wasser das Form annimmt, indem es in ein Behältnis im Bewußtsein kategorisiert und gegeben wurde. Ein Behältnis das zu jederzeit ausgetauscht werden kann.
Doch ist ein Behältnis gewählt entsteht eine Überzeugung die, die Wahrnähmung bestimmt.
Diesen erwähnten Ursprung zu erkennen, ist so Glaube ich ein wichtiger Bestandteil auf dem Weg zur Erleuchtung. Da es mir jedoch bislang noch nicht vergönnt war, in den erhabenen Zustand der Erleuchtung zu geleiten, bleibt auch dies nur eine Schlussfolgerung meiner Person.
Wahrhaftiges Erwachen aus den Träumen des geformten Bewusstseins, dies ist mein Wunsch für alle Wesen.
Bitte Verzeiht mir meine Unzulänglichkeiten die mir wohl Freilich unterlaufen sind.

Die Vernunft jenseits der Vernunft erkennen

Ob man Gerüchten lauscht oder offiziellen Ergebnissen von laufenden Untersuchungen, man kann nicht zur eigenen klaren Vernunft vorstoßen, wenn man bloß jener Vernunft lauscht, die der Redner an den Tag legt, und wenn man diese nicht analysiert. Der Zuhörer sollte vielmehr denken: „Der Redner nennt es schwarz, doch es sollte nicht schwarz sein. Es muß weiß sein, und dafür muß es einen Grund geben." Solcherart zweifelnd stößt man auf höhere Vernunft. Wenn es erlaubt ist, diese gegenüber dem Redner zu äußern, so sollte man es tun, doch darauf achten, nicht dessen Gefühle zu verletzen. Wenn dies nicht möglich ist, sollte man dem Redner seine Überzeugung lassen, indem man schweigt. Diese „höhere Vernunft" ist verschieden von bloßer Vermutung, ungerechtem Vernünfteln oder Zweifeln aus niederen Beweggründen.

Auszug aus dem Buch von Yagyu Munenori: Der Weg des Samurai

Das Große Lernen ist das Eingangstor für den Anfänger

Um ein Haus zu betreten, mußt du zuerst durch die Eingangstür schreiten. Diese Tür ist der Weg ins Haus. Nachdem du sie durchschritten hast, bist du im Haus und begegnest seinem Meister.

Lernen ist das Tor zum Weg. Bist du hindurchgeschritten, erreichst du den Weg. Lernen ist das Tor, nicht das Haus. Verwechsle nicht das Tor mit dem Haus. Das Haus liegt hinter dem Tor. Weil Lernen das Tor ist, glaube bloß nicht, daß die Bücher, die

du liest, den Weg darstellen. Bücher sind ein Tor, um den Weg zu erlangen.
Es gibt diejenigen, die hinsichtlich des Weges im Dunkeln bleiben, egal, wie viel sie studieren und wie viele Schriftzeichen sie lernen. Sie mögen die Klassiker so mühelos lesen als wären sie Texte von alten Gelehrten, doch weil sie sich bezüglich der Wahrheit im Dunkeln befinden, können sie den Weg nicht zu ihrem eigenen machen.
Dennoch ist es schwer, den Weg ganz ohne Lernen zu erlangen. Zugleich mag jemand, der fleißig studiert hat und elegant reden kann, den Weg nicht erleuchtet haben.
Dann wiederum gibt es jedoch jene, die auf natürliche Weise dem Weg gemäß leben, ohne irgend etwas studiert zu haben.

Licht der Unendlichkeit

Der Beginn des Erschaffens ist der Glaube.
Der Beginn der Welt die Wahrnähmung.
Der Beginn des Lebens ist das Bewusstsein.

Versucht zu Verstehen
Kurogane

Glaube an Erhabenheit

In stiller Zuversicht,
treibt mich mein streben.
Auf die Worte Buddha lege Gewicht,
führe gewillt ein Rechtschaffenes Leben.

Kurogane

Kapitel 5

Himmelsblume – Samurai

Es heißt: „Wie die Kirschblüte unter den Blüten die Königin ist, so ist der Samurai unter den Männern Herr."
Nachhaltig, Entschloss ich mich, aufgrund der außerordentlichen Weisheit, wie sie im Hagakure enthalten ist, diese zu kopieren und in diesem bescheidenen Büchlein einzufügen. Im Eigentlichen Sinn, ist es geradezu Frevelhaft, dem Hagakure das in seiner Gesamtheit vollkommene Beachtung verdient, einzelne Abschnitte zu stehlen. Jedoch ist es nun mal so, das in unserer westlichen Welt die „Grobheit" des Kriegers oft nicht Verstanden, und mit Abscheu betrachtet wird.
Das Idealbild des Samurai, der meines Erachtens an die Blühte Spiritueller Erkenntnis gelangte, letzten Endes in der Industriellen von Gier getriebenen Welt zugrunde ging, hätte bei weitem mehr Achtung verdient.
Verdeutlichen doch die Lehren des Hagakure, Sanftmut und Hingabe der stolzen Krieger.
Samurai bedeutet Dienen. Rechtschaffenheit ist der Geist Bushidos.

Ich wusste mir nicht viel zu schreiben, da das meiste an Weisheit doch bereits in Büchern bestand. Ein jeder formuliert seine Erfahrungen anders, doch ist das Wissen um die wahre Spirituelle Kraft dieselbe. Wie weitgehend ihre tiefe, beziehungsweise untiefe voran geschritten sein mag, ist meist schwer erkennbar. Welche Aspekte ihrer Natur genutzt wurden, und auf welche unterschiedliche Art und Weise sie sich Manifestierte. Doch ist dieses Etwas, in unseren Herzen gemeinsam enthalten. Wir wissen alle darum. Das Hagakure umschreibt sehr gut, die erforderlichen Anstrengungen die Notwendig sind um Wahrheit zu erlangen.

Das Herz ist weise

Naki na zo to hito ni wa iite arinubeshi
kokoro no towaba ikaga kotaen.

Ich kann den Leuten weiterhin erzählen,
das Gerücht sei unbegründet.
Doch wie soll ich antworten,
wenn mich mein Herz fragt?

Ich denke, die zweite Hälfte dieses Verses ist so bedeutsam, daß wir sie wie ein Gebet wiederholen sollten. Die Menschen neigen dazu, Dinge zu behaupten und sonst nichts zu tun. Sie geben sich den Anschein, weise zu sein, und verbergen, was sie wirklich sind. Sie sind denen unterlegen, die wirklich reinen Herzens sind. Solche Menschen sind nämlich aufrichtig. Wenn du in dein eigenes Herz schaust, wie es die zweite Hälfte des Verses verlangt, kannst du dich nirgends mehr verstecken. Dein Herz ist weise.

Wir sollten uns so verhalten, daß wir davon nicht überrascht werden können.

(Aus einem besinnlichen Nachtgespräch)
Ein Gefolgsmann des Nabeshima-Clans benötigt weder übertriebene Lebenskraft noch besonderes Talent. Er muß nur bereit sein, den ganzen Clan auf seinen Schultern zu tragen. Kein Mann ist einem anderen von Geburt an unterlegen. Keine Übung kann Früchte tragen, bevor ein Mann nicht bereit ist, sich als einzigen im Clan zu sehen, der den Frieden in der Provinz des Fürsten bewahren kann. Solch ein Entschluß wird, gleich einem Wasserkessel, mal heiß und mal kalt. Darum habe ich hier vier Ratschläge, die den Entschluß stets am Kochen halten.

Die vier Ratschläge:
1. Bleib nie hinter anderen auf dem Weg des Bushido zurück.
2. Mach dich deinem Fürsten nützlich.
3. Erfülle deine Sohnespflichten.
4. Arbeite zum Wohle der anderen, mit einer zutiefst gütigen Seele.

Sprich jeden Morgen dein Gelöbnis für Buddha und die Götter, dann können dich diese vier Gebote zweimal so mächtig machen wie du jetzt bist, und davor bewahren, von deinem Entschluß abzurücken. Wie eine Raupe kannst du dich so Stück für Stück vorwärtsbewegen. Selbst Buddha und die Götter haben ihre Gelübde abgelegt, als sie sich ihre Ziele setzten.

10. März im ersten Jahr von Kyoho (1716)

Der feste Ruf des Bushido

Ein Vasall von Matsudaira Sagami-no-kami, dem Fürsten von Tottori in der Provinz Inaba, wurde nach Kyoto gesandt, um Gelder für den Clan zu sichern. Eines Tages verließ er sein gemietetes Haus in der Stadt, um Passanten auf der Straße zu beobachten, als er einen Mann reden hörte: „Sie sagen, die Samurai, die in diese Randale verwickelt sind, seien Gefolgsleute von Matsudaira Sagami-no-kami.“

„Dieses Gerede, daß meine Weggefährten in Raufereien dieser Nachbarschaft verwickelt sein sollen, beunruhigt mich“, dachte der Vasall. „Der Ersatz für unsere Gefolgsleute auf dem Edo-Lehen des Clans hält sich zur Zeit hier zur Erholung auf und ist wohl in diesen Kampf verstrickt“, sagte er zu sich selbst. Von den Passanten erfuhr er, wo die Auseinandersetzung stattfand, eilte atemlos zu der Stelle und fand alle seine Kollegen niedergestreckt und bereit für den Gnadenstoß. Er forderte sofort die zwei Gegner heraus, tötete sie und kehrte in sein Haus zurück. Die Verwaltungszentrale hörte von dem Vorfall und lud ihn vor Gericht. Als er gefragt wurde, ob er seinen Freunden in der Rauferei beigestanden und damit das Gesetz übertreten hätte, antwortete er: „Für einen Mann der Provinz wie mich klingt eure Beamtenlogik zu schwierig, um sie voll anzuerkennen. Würde es euch etwas ausmachen, sie zu wiederholen?"

Die wütende Belegschaft des Magistrats fauchte: „Hörst du schlecht? An dieser Rauferei teilgenommen und Blut vergossen zu haben, ist ein klarer Bruch von Gesetz und Moral, oder etwa nicht?"

Der beschuldigte Gefolgsmann entgegnete darauf: „Langsam dämmert mir Ihre Logik, mein Herr. Auch wenn Ihr annehmt, daß ich Gesetz und Moral verletzte, habe ich das nie getan. Kein lebendes Wesen, schon gar kein Mensch, will sein Leben verlieren. Ich halte mein Leben für besonders wertvoll. Doch bei der Mitteilung, meine Gefährten seien in einen Straßenkampf verwickelt, empfand ich es als Verletzung des Bushido, diese Nachricht zu ignorieren, ohne irgendetwas zu tun, und rannte zum Ort des Geschehens. Wenn ich so schamlos gewesen wäre, meinen niedergestreckten Freunden den Rücken zuzukehren, würde ich zwar leben, Bushido aber sterben. Darum habe ich mein geliebtes Leben aufgegeben, um dem Ehrenkodex der Samurai zu folgen und der Moral der Samurai zu genügen. Weil ich mein Leben schon zur Zeit des Straßenkampfes aufgab, würde ich nun eine schnelle Bestrafung schätzen."

Der Magistrat war tief bewegt, als er dies hörte. Die Akte wurde ohne weitere Umstände geschlossen, und das Büro des Magistrats informierte Sagami-no-kami, daß er einen tüchtigen Gefolgsmann habe, den man hochschätzen müsse.

Ein Gefolgsmann rettet die Familienstammrolle

Die Stammbaum-Rolle der Soma-Familie, bekannt als Chiken-marokashi, gilt als wertvollste in ganz Japan. Als im vergangenen Jahr die Residenz der Soma durch ein Feuer niederbrannte, trauerte Fürst Soma: „Ich vermisse weder das Haus noch die Dinge darin, die vom Feuer verzehrt wurden, denn sie können wiederhergestellt werden. Doch es ist eine Schande, daß der größte Familienschatz, unsere Stammbaum-Rolle, nicht gerettet werden konnte." Ein anwesender Gefolgsmann antwortete: „Ich werde ins Feuer rennen und die Rolle herausholen." Da brach Fürst Soma mit allen anderen Gefolgsleuten in Gelächter aus: „Wie willst du die Rolle da herausholen? Das ganze Anwesen steht in Flammen."

Der Gefolgsmann war für seine Ungeschicktheit bekannt und nicht besonders nützlich, stand aber aufgrund gewisser Umstände im näheren Dienst von Fürst Soma. Er sprang geradewegs ins Feuer und rief: „Ungeschickt, plump und nutzlos wie ich war, habe ich schon lange auf eine Gelegenheit gewartet, dem Fürsten einmal von Nutzen zu sein. Nun ist der Augenblick gekommen!" Nachdem das Feuer abgeklungen war, befahl der Fürst: „Findet die Asche des armen Mannes, wenn etwas von ihm übrig ist.“ Nach einigem Suchen fand man ihn verbrannt im Garten der Wohnbezirke. Als seine Leiche hochgehoben wurde, drang Blut aus seinem Bauch. In der Bauchhöhle steckte die Rolle, unversehrt. Sie wurde von da an „Blutrolle“ genannt.

Den Tod bedenken

Bei Tag und Nacht, vom Neujahrsmorgen, wo er die Stäbchen in die Hand nimmt, um sein Frühstück zu essen, bis zum Jahresende, wo er seine Schulden begleicht, soll ein Samurai daran denken, daß er sterben muß. Wenn er sich dessen immer bewußt ist, wird er im Einklang mit dem Weg der Loyalität und Blutsbande sein, Myriaden von Mißgeschicken meiden, frei von Krankheit und Unglück bleiben und ein langes Leben genießen. Er wird sich zu einer wohlerzogenen Persönlichkeit mit vielen bewundernswerten Eigenschaften entwickeln. Unsere Existenz ist unbeständig wie der Abendtau und der Morgenreif, besonders ungewiß jedoch ist das Leben des Kriegers. Wenn er sich damit tröstet, seinem Fürsten ewig dienen und seinen Verwandten ewig ergeben sein zu können, kann es leicht passieren, daß er gerade seine Pflicht gegenüber dem Fürsten und die Verantwortung gegenüber seiner Familie vernachlässigt. Wenn er sich jedoch nur auf das Leben am heutigen Tag konzentriert und nicht an morgen denkt, wird er die Befehle seines Fürsten entgegennehmen,

als sei es das letzte Mal. Und wenn er in die Gesichter seiner Verwandten sieht, wird er sich fühlen, als würde er sie niemals wiedersehen. Dann werden sein Dienst und seine Sorge um sie in beiden Fällen völlig gewissenhaft und sein Geist im Einklang mit dem Weg der Loyalität und Blutsbande sein.
Wenn der Samurai nicht an den Tod denkt, wird er sorglos und unbedacht Dinge aussprechen, die andere beleidigen. Kümmert sich niemand darum, mag das gut gehen, doch wenn ein anderer sich daran stört, kann das in einem Streit enden. Wenn der Samurai sich etwa ohne die rechte Zurückhaltung in Vergnügungsviertel begibt oder Sehenswürdigkeiten an belebten Plätzen besucht, kann er an einen Narren und unversehens in einen Streit geraten, ja sogar getötet werden, wodurch der Name seines Fürsten ebenfalls mit dem Zwischenfall verbunden würde und seine Eltern und Verwandten Vorwürfen ausgesetzt wären.

All das mag geschehen, weil der Samurai nicht den Tod in seinen Gedanken bewahrt. Berücksichtigt er jedoch den Tod, wenn er selbst das Wort ergreift oder anderen antwortet, wird er jedes Wort bedenken und keine sinnlosen Streitereien verursachen. Er wird auch niemandem gestatten, ihn an ungeeignete Orte zu locken, wo er plötzlich mit einer peinlichen Situation konfrontiert werden könnte. So vermeidet er Unannehmlichkeiten. Wenn Höhergestellte oder

Untergebene den Tod vergessen, neigen sie dazu, Essen, Wein und Frauen um Übermaß zu genießen, so daß sie unerwartet früh an Krankheiten der Nieren und Wirbelsäule sterben oder noch während ihres Lebens nutzlos für andere werden. Wer sich den Tod vor Augen hält, wird stark und gesund sein, die Wege der Frauen meiden, maßvoll essen und trinken und enthaltsam in allen Bereichen sein, wodurch er frei von Krankheit bleibt und ein langes und gesundes Leben führen kann.

Jemand, der lange in dieser Welt lebt, mag alle Arten von Begierden annehmen, seine Habsucht mag so anwachsen, daß er das wünscht, was anderen gehört, und es nicht ertragen kann, sich mit dem zu begnügen, was er besitzt, wodurch er wie ein Händler wird. Wenn jemand aber stets dem Tod ins Gesicht blickt, wird er kaum materiellen Dingen anhängen und diese habsüchtigen Taten nicht ausführen. So wird er zu einem wohlerzogenen Charakter. Yoshida Kenko sagt im Tsurezuregusa über den Mönch Shinkai, daß dieser den ganzen Tag in Meditation gesessen und über sein Ende nachgesonnen habe. Das ist zweifellos eine angemessene Einstellung für einen Einsiedler, nicht jedoch für einen Krieger. Denn der würde seine militärischen Pflichten und den Weg der Loyalität und Blutsbande vernachlässigen, wo er doch im Gegenteil ständig mit seinen öffentlichen und privaten Angelegenheiten beschäftigt sein sollte. Wann immer er ein wenig Freizeit für sich findet und zur

Ruhe kommen kann, sollte er zur Frage des Todes zurückkehren und sorgsam darüber nachdenken. Wurde nicht berichtet, wie Kusunoki Masashige seinen Sohn Masatsura beschwor, sich immer den Tod vor Augen zu halten? All das dient der Unterweisung insbesondere von jungen Samurai.

Die Aufgaben eines Samurai

Die Aufgaben eines Samurai bestehen in militärischem Dienst und in Arbeiten an der Konstruktion. Wenn sich das Land im Krieg befindet, muß er Tag und Nacht im Lager und auf dem Feld sein und kann sich nicht einen Moment lang ausruhen. Konstruktion bezieht sich auf Bollwerke, Gräben, Barrikaden, befestigte Außenposten, an denen alle so schnell und angestrengt wie möglich arbeiten müssen. In Friedenszeiten allerdings gibt es keine Lageraufgaben und demzufolge auch keine Konstruktionen jener Dinge, darum werden die verschiedenen Ränge der Samurai zu bestimmten Diensten als Wächter, Eskorte, Inspektoren und so weiter eingeteilt. Bald halten sie diese Arbeiten für die normalen einer Kriegerfamilie und den Felddienst für einen Traum aus der Vergangenheit.

Wenn dann einmal den Daimyos die Ehre zuteil wird, der Regierung des Shoguns in ihren Gebäuden zu assistieren, und die Ausgaben dafür so hoch sind, daß sie einen Teil davon an ihre Gefolgsleute weitergeben müssen und einen Prozentteil von deren

Löhnen erbitten, werden die darüber mürrisch, als wäre eine solche Forderung unmäßig. Sie erkennen nicht, daß die Teilnahme sowohl an militärischen als auch an konstruktiven Aufgaben das gewöhnliche Geschäft eines Samurai ist. So trifft man welche an, die ihre normalen Aufgaben in Friedenszeiten schon als Härte ansehen, sich bei der geringsten Belastung ihren Pflichten entziehen und achtlos gegenüber den Umständen sind, die sie anderen aufbürden. Wenn sie als Reiseinspektor ausgesandt werden, lehnen sie die Strapazen der Reise und die damit verbundenen Ausgaben ab und lassen sich auch davon freistellen, wodurch sie die Schwierigkeiten auf ihre Kameraden abladen, ohne auch nur im mindesten über die Verachtung beschämt zu sein, die sie ernten. Selbst wenn der Ort, an den sie gesandt werden, recht nahe liegt, beschweren sie sich offen darüber, zweimal an einem Tag losziehen zu müssen, oder darüber, daß das Wetter schlecht sei. Menschen, die ihre Aufgaben mit so einem Geist verrichten, als wären diese eine Last, sind nichts anderes als niedere Stallburschen oder Diener in den Häuten von Samurai.

Die Krieger, die zur Zeit der Bürgerkriege geboren wurden, waren ständig auf dem Feld, ihre Rüstungen unter dem Sommerhimmel versengt oder von Winterwinden durchbohrt, die durch deren Ritze bliesen. Sie waren vom Regen aufgeweicht und bedeckt vom Schnee, schliefen im Hochmoor und auf Hügeln ohne Kissen, nur in ihrem gepanzerten Schurz, mit nichts zu essen und zu trinken als ungeschältem Reis und Salzsuppe. Ob sie auf dem Feld kämpfen oder eine Burg angreifen oder verteidigen mußten, sie hielten das für keine besondere Belastung, sondern für ihre alltägliche Arbeit. Wenn wir darüber nachsinnen, wie wir, in Friedenszeiten geboren, im Sommer unter einem Moskitonetz schlafen und im Winter uns in Decken hüllen können, wie wir entspannt leben und zu jeder Tageszeit essen können, was uns beliebt, sollten wir uns in der Tat für glücklich halten. Es gibt keinen Grund, warum wir Innenwachdienst oder das Kontrollieren der Nachbarschaft als ernste Last betrachten sollten. Es gab einmal einen gewissen Baba Mino, einen ausgezeichneten Veteran im Haus Takeda aus Kai, der als sein Lebensmotto die vier Schriftzeichen niederschrieb und an eine Wand hing, die folgendes besagten: „Das Schlachtfeld ist mein gewöhnlicher Wohnsitz."